ÉGYPTE
ANCIENNE

TÊTE
MOMIFIÉE

ANUBIS, LE CHACAL,
DIEU DE L'EMBAUMEMENT

PARTIE DE SARCOPHAGE
ABRITANT LES PIEDS

SARCOPHAGES
EMBOÎTÉS

ÉGYPTE ANCIENNE

TEXTE
Scott Steedman

DÉESSE
HATHOR

VERRE EN FLEUR
DE LOTUS

SPHINX
SCULPTÉ

Libre Expression MD

UN LIVRE DORLING KINDERSLEY

Pour l'édition originale:
Dorling Kindersley Limited
9 Henrietta Street, Covent Garden
London WC2E 8PS

© 1996 Dorling Kindersley Ltd., London

Pour la version française:
© 1997 Hachette Livre

© Éditions Libre Expression 1997
pour le Canada
Tous droits de traduction, d'adaptation
et de reproduction réservés pour tous pays
Dépôt légal: 3ᵉ trimestre 1997
ISBN 2-89111-729-8

Photogravure Colourscan, Singapour
Imprimé en Italie par L.E.G.O.

Sommaire

COMMENT UTILISER CE LIVRE

La première partie présente les caractéristiques générales
de l'Égypte des pharaons. Une deuxième partie,
développée en six grands chapitres, étudie la vie à cette
époque. Si vous voulez "en savoir plus" une section de
référence termine le livre. Une double-page en couleurs
annonce chaque chapitre.

LA VIE EN ÉGYPTE
Six chapitres présentent
tous les aspects de cette
grande civilisation,
par exemple la vie
quotidienne, la religion
ou l'architecture.

Code
couleur

Le titre nomme
le sujet de la page.
Si le sujet se
poursuit sur
plusieurs pages,
le titre apparaît
en tête de chacune
d'elles.

CODE COULEUR
À chacun des six
chapitres correspond
une couleur
qui vous permettra
de vous repérer
facilement.

LA SOCIÉTÉ
ÉGYPTIENNE

LA VIE EN ÉGYPTE
ANCIENNE

LES LOISIRS

ARCHITECTURE
ET TECHNIQUES

LA RELIGION

LA FIN D'UNE ÉPOQUE

L'introduction
constitue une vue
d'ensemble
du sujet traité.
Après l'avoir lue,
vous aurez une idée
claire du contenu
des pages.

ARCHITECTURE ET TECHNIQUES

L'ART ET LA MANIÈRE

Les Égyptiens avaient le sens pratique,
qui sont toujours debout, montrent leur maîtr
Les pyramides, les tombeaux et les temples,
en matière d'architecture et
de construction. Tous ces monumen
sont l'œuvre d'artisans
talentueux, en permanence
au service du pharaon.

LE FIL À PLOMB
Il servait à vérifier
les verticales
et à marquer
des repères pour
les peintures et les
sculptures murales.

MOULAGE
Cette statuette en bois trouvée da
un tombeau montre un homme en
train de mouler une brique de terr

BRIQUE EN TERRE

Des joints
en bois
maintenaient
le moule.

MOULE
EN BOIS

Manche

BRIQUE EN TERRE ET MOULE
Les constructions appartenaient le plus
souvent en briques. Les ouvriers utilisaient
un moule de ce type pour façonner des briques
(mélange de boue du Nil, de sable et de paille).

LE SAVEZ-VOUS ?
• Le pharaon
Chéphren fit édifier
vingt-trois statues
grandeur nature
de lui-même dans
un seul temple.
• La première grève
connue fut décidée
par les artisans
qui travaillaient au
tombeau de Ramsès
en 1150 av. J.-C.

Pour plus de clarté,
un titre identifie
les illustrations quand
elles ne sont pas reliées
au texte de façon évidente.

En haut de la page de gauche figure le titre du chapitre, en haut de la page de droite, le sujet traité : "L'art et la manière" se trouve dans le chapitre "Architecture et techniques".

Les légendes en italique soulignent les détails auxquels elles sont reliées par un filet. Elles complètent le texte qui commente chaque illustration.

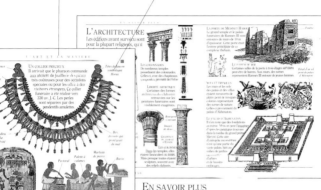

UN COLLIER PRÉCIEUX
Il arrivait que le pharaon commande aux ateliers de bijoux-orfèvres très coûteuses pour des colliers spéciaux ou pour les offrir à des visiteurs étrangers. Ce collier funéraire a été réalisé vers 330 av. J.-C. Les perles sont séparées par des pendentifs amulettes.

L'ARCHITECTURE
Les édifices ayant survécu sont pour la plupart religieux, qu'il

LES COLONNADES
Certains temples étaient précédées d'un ensemble de colonnades. Celles-ci, avec des chapiteaux juxtaposées, précédait de l'allée.

SOLS ET PLAFONDS
Les murs et les sols des temples et des villas étaient recouverts de plâtre peint et de nombreux colorées représentaient des scènes de nature variée. Celles-ci provenant du palais d'Akhenaton.

LA PORTE DE MÉDINET HABOU
Le grand temple et le palais funéraires de Ramsès III sont entourés de murs de 10 m d'épaisseur. Cette porte était l'entrée principale du complexe thébain.

LES COLONNES
Dans les temples, elles étaient beaucoup plus hautes. Mais presque toutes étaient sculptées, souvent avec des reliefs éclatants.

LE TRAVAIL DE MÉTAL
De nombreuses peintures représentent des ateliers d'artisanat. Ici, deux pailliers terminent un pectoral et le placent dans un coffret. À droite un homme grave une inscription tandis qu'un autre travaille un sphinx doré. Dans la même tombe, on a retrouvé d'autres scènes représentant des contrôleurs qui pèsent et vérifient les objets terminés.

Tripied — Coffret en ébène — Récipient en métal — Offres terminées au sphinx

Têtes figurant un symbolisant Horus

Bra-pectoral du principal du mal

Bourse

Pectoral — Palette à pierre

Marteau de pierre

FUNÉRAIRE
... plus belles œuvres ... furent réalisées par ... tombeaux des rois. ... cette stèle funéraire ... jois, une prêtresse lève mains en signe ... dévotion à Rê-Horakhty.

LE PLAFOND D'AKHENATON
Il était conçu que des fondations au-dessus. Mais on peut l'imaginer d'après les peintures trouvées dans la tombe du grand prêtre Meryré. Cette aire d'entrepôts très vastes approvisionnait tout le palais pallas, faite un immense réserve. Ceux-ci, avec les milliers de jarres d'offres et de coffres, milliers nourritures religieuses.

À la fin du livre, les pages jaunes vous proposent des renseignements complémentaires, des dates et des tableaux. Vous y trouverez des cartes des sites, un tableau des dynasties, les pharaons les plus connus, ainsi qu'une explication de l'écriture hiéroglyphique.

Des petits encadrés intitulés "le saviez-vous ?" vous rappellent d'un coup d'œil les détails remarquables ou étonnants propres au sujet traité.

GLOSSAIRE ET INDEX
Pour terminer les pages pratiques et faciliter votre lecture, un glossaire explique le vocabulaire spécifique de l'Égypte ancienne. Il est suivi d'un index alphabétique de tous les sujets traités.

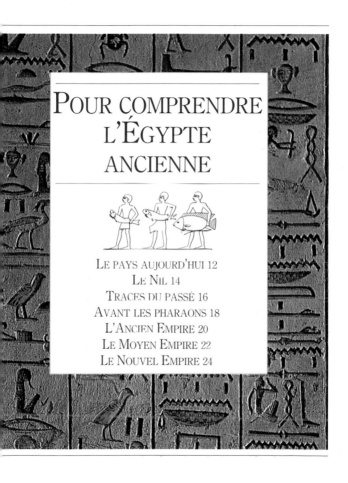

POUR COMPRENDRE L'ÉGYPTE ANCIENNE

LE PAYS AUJOURD'HUI

Il se compose de la plaine fertile qui borde le Nil et du Sahara. Récemment encore, la crue annuelle du Nil apportait son limon noir aux terres cultivables situées le long du fleuve, que les anciens Égyptiens appelaient "Terre noire" – la terre de vie. Le désert brûlant était appelé "Terre rouge" – la terre de mort.

LE CAIRE
Avec ses 11 millions d'habitants, c'est la plus grande ville d'Afrique. Elle fut fondée par les musulmans en 969, près de mille ans après le dernier pharaon.

LE PLUS LONG FLEUVE DU MONDE
Il prend sa source dans une région montagneuse d'Afrique orientale et se jette, 6 670 km plus loin, dans la mer Méditerranée.

LE SAVIEZ-VOUS ?
• Le Sahara est le plus grand désert du monde.

• L'Égypte, avec ses 55 millions d'habitants, est le deuxième pays d'Afrique.

• L'Égypte est un pays musulman depuis l'an 642 de notre ère.

LES PYRAMIDES ET LE SPHINX
Le Sphinx et les pyramides de Gizeh se trouvent dans les environs du Caire. L'ensemble date de l'Ancien Empire, il y a 4 500 ans.

LE TEMPLE DE LA REINE HATSHEPSOUT

Le temple mortuaire de la reine Hatshepsout est situé à Deir el-Bahari, sur la rive ouest du Nil, près de Louxor.

UN SARCOPHAGE ROYAL

Les Égyptiens momifiaient les pharaons et l'élite égyptienne, puis ils les inhumaient, accompagnés de trésors. Ces rites nous en disent long sur l'Égypte de l'époque.

CARTE DES VIEUX SITES

Les dépôts d'alluvions au nord, le canal de Suez et le barrage d'Assouan ont transformé l'aspect de la côte.

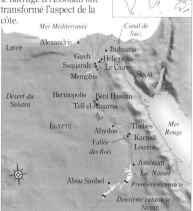

LE NIL

L'Égypte avait été baptisée "le don du Nil". Toute l'eau nécessaire venait du grand fleuve. Le Nil constituait la principale voie de communication. Le vent dominant soufflant du nord au sud, les bateaux descendaient le fleuve portés par le courant, ou le remontaient grâce au vent.

COMME AU BON VIEUX TEMPS
Les Égyptiens continuent de cultiver la terre et d'élever du bétail sur les rives du Nil, comme leurs ancêtres il y a 7 000 ans.

Rame-gouvernail

Le toit protège du soleil.

Timonier

MINIATURE FUNÉRAIRE POUR L'AU-DELÀ

Rameur

FILET DE PÊCHE

Proue

HAMEÇONS

LES BATEAUX
Un texte de 1100 av. J.-C. environ relate : "les marchands descendent ou remontent le fleuve pour transporter leurs marchandises et effectuer leurs livraisons."

LA CHASSE ET LA PÊCHE
Le Nil grouillait de vie. Les hommes chassaient les oiseaux dans les marais et pêchaient. On apprenait aux enfants à se méfier des crocodiles et des hippopotames qui risquaient de renverser les embarcations.

Côtes saillantes

Estomac rétréci

Membres amaigris

RELIEF, ANCIEN EMPIRE (vers 2340 av. J.-C.)

Mer Méditerranée

Ancien littoral

BASSE-ÉGYPTE

Bubastis

Héliopolis

Memphis

Plaine fertile

Tell el-Amarna

Abydos

Thèbes

HAUTE-ÉGYPTE

LA FAMINE
Une crue trop faible, ou trop forte, pouvait ruiner une récolte et conduire à la famine.

NAVIGUER
Le hiéroglyphe *khenti* (aller vers le sud) montrait un bateau voiles dehors ; *khed* (aller vers le nord) montrait un bateau voiles baissées.

VERS LE SUD

VERS LE NORD

LE PAPYRUS
Cette plante poussait jadis dans les marécages d'Égypte. Sa tige servait à la fabrication d'une sorte de papier sur lequel on écrivait et peignait.

HAUTE-ÉGYPTE ET BASSE-ÉGYPTE
L'Égypte ancienne était divisée en deux régions : au nord, la Basse-Égypte, verte plaine du delta, région de marécages et de prairies ; au sud, la Haute-Égypte, vallée encaissée, région chaude et sèche où le désert n'était jamais loin.

TRACES DU PASSÉ

Notre connaissance de l'Égypte ancienne vient des édifices, des objets et des textes, dont beaucoup ont disparu. Les trésors ont été pillés et les sables du désert ont envahi les temples et les sépultures. Le climat chaud et sec a pourtant bien préservé les monuments. Les égyptologues continuent d'interroger ces vestiges.

UN PAYS MYSTÉRIEUX
Le passé ne dévoile jamais tous ses secrets. Cette femme était la reine de Pount, contrée située quelque part dans le Sud.

PREMIÈRE
BIBLE
IMPRIMÉE

LA BIBLE DE
GUTENBERG
Les Juifs et les Chrétiens ont beaucoup appris sur l'Égypte en lisant l'Ancien Testament (la Torah juive). On y raconte l'exil des Juifs en Égypte, où ils travaillèrent comme esclaves du pharaon.

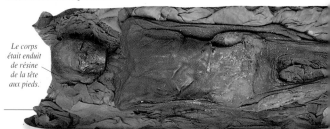

Le corps était enduit de résine de la tête aux pieds.

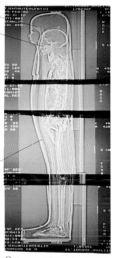

Sarcophage

Squelette

NAPOLÉON EN ÉGYPTE

Quand Napoléon Bonaparte envahit l'Égypte en 1798, il emmena avec lui une équipe de savants et d'artistes pour étudier les temples et les tombes. Ainsi naquit la fascination de l'Occident pour cette civilisation.

La chouette représentait le M.

La bouche représentait le son R

Bandelettes

LES HIÉROGLYPHES

Les monuments, les statues, ainsi que d'autres ouvrages, étaient couverts d'une écriture idéographique : les hiéroglyphes, écriture dessinée. En 1822, l'égyptologue Champollion réussit à les déchiffrer, accédant ainsi à une source inépuisable d'informations.

OBSERVATION DES MOMIES

Au XIXᵉ siècle, on dépouillait les momies de leurs bandelettes, geste dénué de respect et destructeur. Le scanner permet aujourd'hui une vision qui préserve l'intégrité de la momie.

Bandelettes en lin

LA MOMIFICATION

Les Égyptiens ne reculaient devant rien pour assurer la pérennité de leur corps pour la vie éternelle. Les dents de cette femme sont usées par toute une vie passée à mâcher du pain fait d'une farine grossière. On peut également identifier les onguents utilisés pour préserver sa peau.

AVANT LES PHARAONS

Des nomades commencèrent à cultiver la vallée du Nil vers 5000 av. J.-C. Ils se sédentarisèrent et formèrent deux royaumes : la Haute et la Basse-Égypte. Ils croyaient en une vie après la mort et enterraient les défunts entourés d'objets, dans des fosses couvertes de sable.

UN COLLIER
Dans le sable qui recouvrait les tombes, on a trouvé des objets personnels, tels que des bijoux. Ce collier est formé de pierres semi-précieuses qui viennent du désert.

Cornaline

UN COUTEAU EN SILEX
À cette époque, les Égyptiens étaient d'habiles tailleurs de pierre. Ils ciselaient d'élégants couteaux de cérémonie et des poignards, fixant des lames de silex sur des manches en os ou en ivoire.

La lame est délicatement incurvée.

Murs clayonnés recouverts de boue

Poutres en bois au-dessus des portes et des fenêtres

Ongle

MAISON MINIATURE TROUVÉE DANS UNE TOMBE
Pendant la période prédynastique (avant les pharaons), de 5000 à 3100 av. J.-C., les fermiers de Haute-Égypte vivaient dans des villages surplombant le Nil, dans des maisons comme celle-ci.

Dos d'hippopotame
ornés de zigzags

Yeux
incrustés

BABOUIN EN FAÏENCE
La faïence, fritte
vernissée, apparut
en Égypte à cette
époque.

UNE JATTE DÉCORÉE
Les premiers potiers utilisaient
le limon du Nil et l'argile. Le
fleuve était source d'inspiration.
Témoins les hippopotames
qui ornent cette jatte.

EN FORME DE BÉLIER
Cette palette de pierre,
qui devait avoir un pouvoir
magique, servait à broyer
les minéraux utilisés pour
les fards. Cet objet pouvait
avoir la forme d'une tortue,
d'un hippopotame, etc.

Peau
desséchée

Cheveux

On enterrait
les morts face
au soleil
couchant.

Position
fœtale

POIL DE CAROTTE
Elle est morte il y a 5 000
ans ; ses cheveux, sa peau et ses
ongles ont été remarquablement
conservés par le sable brûlant
du désert. On l'a surnommée
Poil de Carotte à cause
de ses cheveux roux.

L'ANCIEN EMPIRE

L'Égypte fut unifiée pour la première fois vers 3100 av. J.-C., plus de 400 ans avant le début de l'Ancien Empire ou "âge des Pyramides". Le gouvernement stable des pharaons favorisa l'épanouissement de l'économie et de la culture. L'art et l'architecture connurent leur apogée avec la Grande Pyramide de Gizeh.

LA DOUBLE COURONNE
Pour symboliser son pouvoir, le pharaon portait une double couronne, le *pschent*, qui représentait la couronne blanche de Haute-Égypte et la couronne rouge de Basse-Égypte.

MAÎTRE DES DEUX TERRES
L'unification de l'Égypte est symbolisée par un lotus (Haute-Égypte) et un papyrus (Basse-Égypte) entrelacés. L'un des titres du pharaon était "Maître des Deux Terres".

Calcaire peint

Papyrus

Lotus

TRÔNE DU ROI
CHÉPHREN (DÉTAIL)

UN COUPLE ROYAL
Ces superbes statues du prince Râhotep et de son épouse Nofret furent trouvées près de la pyramide du père du prince, le roi Snéfrou. Ces statues ont l'air si vivant qu'on a peine à croire qu'elles ont 4 600 ans. Les yeux sont en cristal de roche et les iris en améthyste.

PREMIER PHARAON ?

La légende veut que l'unification de l'Égypte soit due à Ménès, un roi de Haute-Égypte qui conquit le Nord. Certains experts pensent qu'il pourrait s'agir du roi Narmer (ici, la tête ceinte de la couronne blanche).

PALETTE DE NARMER

LE ROI KHÉOPS FRAPPANT UN ENNEMI

UNE PYRAMIDE À DEGRÉS

La première pyramide, qui mesure 60 m de haut, fut élevée à Saqqarah pour le roi Djéser vers 2680 av. J.-C. Djéser et sa famille y reposaient dans des chambres funéraires souterraines.

Le roi Narmer

Nemes

Horus, dieu du ciel

DE GRANDS ROIS

Mykérinos, Chéphren et Khéops, initiateurs des pyramides de Gizeh, étaient très puissants. Ils organisèrent l'économie de leur pays autour de la construction de leurs tombes.

ROI-DIEU

Barbe royale

Les Égyptiens pensaient que le pharaon était le fils du dieu Soleil, Rê. Il était également associé à Horus, dieu du ciel, ici sous la forme d'un faucon qui protège Chéphren.

LE MOYEN EMPIRE

Après la chute de l'Ancien Empire, vers 2160 av. J.-C., l'Égypte fut déchirée par la guerre. Elle fut réunifiée par Mentouhotep, qui fonda le Moyen Empire en 2040 av. J.-C. Une succession de pharaons renforça le pouvoir et le commerce extérieur ; l'Égypte envahit la Libye et la Nubie. L'art connut un renouveau et on éleva d'autres pyramides.

SÉSOSTRIS Ier

Ce roi dynamique monta sur le trône après avoir partagé le pouvoir avec son père Aménémhat Ier pendant 10 ans. Il combattit Libyens et Nubiens et fit élever de superbes temples. Les premiers textes littéraires furent écrits au sein de sa cour.

STATUE ÉTERNELLE
Les statues des morts étaient placées dans les temples locaux pour qu'elles puissent bénéficier des offrandes apportées au dieu.

Des formules magiques recouvrent l'intérieur et l'extérieur du cercueil.

SARCOPHAGE

Au Moyen Empire, les cercueils étaient ornés de formules censées aider l'âme du défunt à accéder à la vie éternelle. Sous l'Ancien Empire, ces formules, réunies sous le titre *Textes des Pyramides*, avaient été gravées dans les tombes royales.

AMÉNÉMHAT III

Durant son long et pacifique règne (1854-1808 av. J.-C.), ce pharaon fit construire des temples, des forts, deux pyramides, et conçut un plan d'irrigation des terres.

LA PYRAMIDE NOIRE

Il s'agit de la première pyramide d'Aménémhat III, construite à Dashour. Comme dans les autres pyramides du Moyen Empire, le cœur n'est pas en pierre mais en briques de terre. Aucune n'a survécu au temps.

SOUS LA PYRAMIDE NOIRE

Les rois faisaient construire des faux passages pour soustraire leurs chambres funéraires aux pillards. Ce fut en vain. Le Moyen Empire s'effondra en 1750 av. J.-C. et toutes les pyramides furent pillées pendant le chaos qui suivit.

Mur extérieur

Limite des décombres

Chambre funéraire royale

Entrée

De faux yeux permettent à la momie de "voir" à l'extérieur.

OSIRIS

LE DIEU DE L'AU-DELÀ

L'Égypte de l'époque vouait une adoration à Osiris, dieu de la mort et de la résurrection. Il offrait à tous, pas seulement aux proches du pharaon, l'espoir d'une vie dans l'au-delà.

LE NOUVEL EMPIRE

Ce fut l'époque la plus brillante de la civilisation égyptienne (vers 1550-1086 av. J.-C.). Des rois, comme Ahmosis Ier et Thoutmosis III étendirent l'Empire jusqu'en Nubie, en Libye et au Moyen-Orient. De nombreux temples furent édifiés et les pharaons étaient inhumés dans la Vallée des Rois.

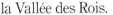

COURONNE DE GUERRIER
Le pharaon adopta à cette époque la couronne bleue et fut considéré comme la représentation vivante d'un dieu guerrier.

RAMSÈS II
Pendant ses 67 ans de règne, il fit élever plus de monuments qu'aucun autre pharaon. Ci-dessus, l'un des 2 temples d'Abou Simbel, taillés dans le roc. Les 4 statues de Ramsès II mesurent chacune 20 m de haut.

BUSTE INACHEVÉ D'AKHENATON

AKHENATON, LE PHARAON HÉRÉTIQUE
Aménophis IV vouait un culte au seul dieu Aton. Il abandonna son nom et prit celui d'Akhenaton. Après sa mort, son nom fut maudit, sa ville abandonnée et les dieux traditionnels réhabilités.

UN CHAR DE GUERRE
Les premiers pharaons
du Nouvel Empire
formèrent une armée puissante
pour chasser les envahisseurs venus d'Asie,
et s'équipèrent des chars de leurs ennemis.

TOMBEAU DE SENNEDJEM (DEIR EL-MÉDINÈH)
Les Égyptiens abandonnèrent l'idée des pyramides,
trop faciles à trouver et à piller. Ils leur préférèrent les
tombes taillées à même le roc, dans des régions arides
comme la Vallée des Rois et la Vallée des Reines.

PRODUCTION EN SÉRIE
Des fabriques produisaient
en série des vases en verre
coloré. On modelait aussi
la pâte siliceuse pour décorer
des bijoux, des meubles
et même des sarcophages.

LE DEUXIÈME CERCUEIL DE TOUTANKHAMON
Toutes les sépultures de la Vallée des Rois ont été retrouvées pillées.
La seule qui fut découverte intacte était celle d'un jeune roi
insignifiant, Toutankhamon, dont les trésors
émerveillèrent le monde.

Verre coloré

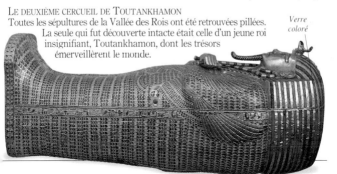

LA SOCIÉTÉ ÉGYPTIENNE

LE PEUPLE D'ÉGYPTE

Au sommet de la société égyptienne
se trouvait le pharaon. Il était chef de
l'armée et dirigeait le pays, entouré
de nobles, de fonctionnaires et de scribes
D'habiles artisans construisaient et
décoraient les temples et les sépultures
Mais les Égyptiens étaient
avant tout des paysans.

AUX CÔTÉS DU PHARAON
Vivant ou mort, le roi était entouré
de ses nobles. Cette tombe
de noble a été édifiée dans
l'ombre de la
pyramide du
roi Khéops.

*Tombeau de
Seshemnefer*

UNE SERVANTE
Beaucoup de femmes
servaient chez les gens
riches. Cette gracieuse
représentation d'une
servante, la cruche à
l'épaule, est un étui à fard
dont le haut s'ouvre et
se ferme en pivotant.

GARDIENS DE LA MÉMOIRE
Les scribes avaient un rôle
important, sachant lire
et écrire. Ils consignaient
tous les détails de la vie
quotidienne.

LE SAVIEZ-VOUS ?
• Un tombeau
monumental,
redécouvert en 1995
dans la Vallée
des Rois, était destiné
à quelques-uns
des nombreux fils
de Ramsès II.

SCÈNE CHAMPÊTRE
Dès que les cultures étaient mûres, les paysans se hâtaient de récolter ce qu'ils avaient semé avant que le Nil n'inonde à nouveau les terres. Ces bœufs piétinent le grain.

LES FONCTIONNAIRES
L'état était très bureaucratisé. Les fonctionnaires collectaient les impôts, organisaient les prêts, les contrats de mariage, veillaient à la bonne marche des affaires.

LES ARTISANS
La majorité travaillait pour les ateliers des palais royaux ou des temples. Ce charpentier construit un bateau pour un riche client.

UN MUSICIEN
Les Égyptiens aimaient se divertir. Danseurs et musiciens se produisaient à la cour et dans les banquets privés. Ils jouaient aussi devant les foules qui se pressaient aux fêtes et aux cérémonies religieuses.

LE PHARAON ET SON PRISONNIER
Adoré comme un dieu vivant, le roi commandait les armées et protégeait le pays des fléaux. Son pouvoir est symbolisé par cette statue représentant Ramsès IV saisissant un prisonnier.

PAYSANS ET SERVITEURS

Les Égyptiens étaient
en majorité des cultivateurs.
Ils travaillaient le long du Nil,
canalisant ses eaux pour
l'irrigation, plantant et
récoltant. D'autres étaient
serviteurs ou hommes de peine.
Très peu savaient lire et écrire.
Ils constituaient un peuple libre
où les esclaves étaient rares.

LES ESCLAVES ÉTRANGERS
La société égyptienne compta
peu d'esclaves jusqu'au Nouvel
Empire. Il s'agissait le plus
souvent de soldats capturés
au cours des guerres à l'extérieur
du pays. Ici, un scribe enregistre
les prisonniers étrangers.

LA MAISON D'UN OUVRIER
Dans leurs maisons exiguës,
les ouvriers manquaient de
place. Ils passaient le plus
clair de leur temps sur le toit
en terrasse ou dans la cour,
où ils préparaient
les repas. En
hiver, un feu
réchauffait
la pièce
envahie
de fumée.

*Cet homme va
monter sur
la terrasse.*

Coffre

Lit bas

*On faisait
la cuisine
dehors.*

*Mur en
briques*

CHÂTIMENTS
On battait les paysans qui
ne payaient pas leurs impôts.
Les criminels étaient fouettés ;
parfois on leur coupait le nez et
on les envoyait dans les mines.

LES VENDANGES
C'était une période d'activité
intense. Le raisin était
cueilli, déposé dans des
cuves et pressé avant
de devenir du vin.

FOULÉS AUX PIEDS
Ces Libyens ligotés, peints sur des
semelles de chaussure, symbolisent
le pouvoir des Égyptiens sur les
étrangers. On achetait les esclaves,
mais ils pouvaient louer des
terres et gagner leur liberté.

UNE SERVANTE
La plupart des domestiques étaient
pauvres. Parmi eux, il y avait des
jeunes filles qui s'étaient vendues
pour échapper à la pauvreté.
L'acquéreur la protégeait,
la nourrissait, et pouvait
même lui rendre
sa liberté.

*Pierre à
moudre*

MINIATURE
EN BOIS,
SERVANTE
MOULANT
LE BLÉ

MINIATURES
Croyant qu'après
la mort il leur
faudrait travailler
dans les champs
des dieux, les riches
se faisaient enterrer
avec des statuettes
– les *oushebtis* –
chargées de faire
le travail
à leur
place.

CLASSES MOYENNES

L'administration était assurée
par une classe moyenne cultivée,
composée de scribes et de fonctionnaires.
Les officiers et les prêtres faisaient
eux aussi partie de cette classe.
Plus bas dans l'échelle sociale, on
trouvait les artisans et les marchands,
dont le niveau de vie était toutefois
supérieur à celui des paysans.

LE MÉDECIN
Voici l'une des deux images connues
d'un médecin au travail. Les prêtres
et les scribes faisaient souvent office
de docteur. Certains se spécialisaient
dans le traitement des yeux, des dents
ou de la tête. Un prêtre avait le
titre de "médecin du ventre du roi".

LES ARTISANS
Ces joailliers présentent
leur travail au contremaître
Les artisans travaillaient
pendant de longues heures
dans la chaleur et la saleté.
Ils recevaient peu de
considération pour les
merveilles qu'ils réalisaient

Une variété
d'arbre

Sistre

Cône
d'encens

Le bassin
devait regorger
de poissons.

UN PRÊTRE

Dans les nombreux temples édifiés dans tout le pays, des prêtres et des prêtresses faisaient des offrandes aux dieux au nom de leur pharaon. En retour, on leur donnait de la terre et un bon revenu.

Autel du dieu Atoum

Papyrus

Évents laissant passer l'air frais

UN SERVITEUR

Les gens appartenant à l'élite de la société avaient des domestiques. Celui-ci place un cône d'encens sur la tête de son maître pour le parfumer avant de sortir.

Ce fonctionnaire porte un bâton, symbole d'autorité.

LE SCRIBE

Seuls les scribes savaient lire et écrire, ce qui explique leur pouvoir. On les représente traditionnellement assis en tailleur. Il s'agit ici de Pes-shou-per, vers 700 av. J.-C.

UN COUPLE FORTUNÉ

Sur ce papyrus, le scribe Nakht et son épouse se promènent dans le jardin de leur villa. Une plate-forme protège la maison des inondations. Ils portent d'élégants vêtements plissés et de lourdes perruques.

UN FONCTIONNAIRE

Le vizir était le 2ᵉ personnage de l'état. Les fonctionnaires locaux réglaient les affaires courantes de chaque province ou *nome*.

L'ARMÉE

À l'époque de l'Ancien Empire, on recrutait de force des soldats quand il y avait un danger imminent. Sous le Nouvel Empire s'organisa une armée de métier. À sa tête se trouvait le pharaon. Sous ses ordres, des officiers encadraient les simples soldats, fantassins ou combattants en chars.

UNE GALÈRE
Armés de haches et d'arcs, les soldats combattaient depuis les vaisseaux. Leurs bateaux portaient des noms comme *Taureau Sauvage*, ou *Étoile de l'Égypte*.

L'AIGUILLON DU COMBAT
Pour récompenser ses soldats de leur bravoure, le pharaon leur offrait des mouches en or, fabriquées dans les ateliers royaux par les meilleurs bijoutiers.

EN FORMATION DE COMBAT
Après la chute de l'Ancien Empire, de nombreux princes possédaient leur propre armée. Ces modèles (vers 2000 av. J.-C.), trouvés dans le tombeau du prince Mesehti, représentent peut-être son armée.

TACTIQUES DE GUERRE
Le pharaon et son conseil de guerre élaboraient la stratégie. Chaque unité portait un étendard grâce auquel on la reconnaissait sur le champ de bataille. Les ordres étaient transmis par une trompette.

EN TEMPS DE PAIX
Les soldats étaient employés
à creuser des fossés, travailler
dans les mines ou transporter
des pierres pour la construction
des temples et des pyramides.
L'armée navale accompagnait
les marchands dans leurs
voyages. Ce relief du temple
de la reine Hatshepsout retrace
une expédition au pays
de Pount, vers 1496 av. J.-C.

Huttes sur pilotis

Nombreuses variétés d'arbres et de plantes

UN FORT À LA FRONTIÈRE
Pendant le Moyen Empire, des forts en briques furent
bâtis pour protéger la frontière avec la Nubie. Ils ne sont
jamais représentés en état de siège dans l'art égyptien.

Rouleau de papyrus

MARCHE FORCÉE
Beaucoup de soldats étaient recrutés
de force. On les envoyait dans des
camps d'entraînement où on leur
montrait le maniement des armes.

TOUT ÉTAIT ÉCRIT
Les scribes de l'armée tenaient
les registres concernant les recrues,
les armes et le montant des soldes.
Beaucoup devenaient officiers
et rejoignaient l'état-major.

LES FEMMES

Les femmes égyptiennes avaient un rôle bien défini. Elles étaient responsables de la maison et des enfants. Beaucoup accomplissaient des tâches éreintantes, comme les travaux des champs. Mais la loi leur donnait les mêmes droits qu'aux hommes. Une épouse pouvait même traîner son mari devant les tribunaux s'il la traitait mal.

UN CHÂTIMENT DIFFÉRÉ
Les criminels étaient battus, à l'exception des femmes enceintes pour ne pas blesser un être innocent ; la sentence était reportée après la naissance.

Les cercueils s'emboîtent.

ÉLEVER LES ENFANTS
Les mères portaient leurs bébés dans de grandes écharpes. Si une épouse ne donnait pas naissance à un fils, le mari prenait une maîtresse et la famille adoptait l'enfant.

UN SARCOPHAGE DORÉ
Prêtresse était l'un des rares titres auxquels une femme avait droit. Elle pouvait aussi être musicienne du temple. Ces cercueils sont ceux d'Henoutmehyt, prêtresse à Thèbes, vers 1250 av. J.-C.

HÉTÉPHÉRÈS ET KATEP

Ce couple (vers 2500 av. J.-C.) semble heureux. On se mariait par amour, même si certaines unions étaient arrangées. Les hommes avaient le droit de prendre plusieurs épouses mais ils pouvaient rarement se le permettre car le contrat de mariage protégeait la mère et ses enfants.

POT À LAIT

Les mères allaitaient leurs bébés en public. Une sculpture montre même Néfertiti nourrissant sa fille. On gardait sans doute l'excédent de lait dans des pots comme celui-ci. Les mères qui n'avaient pas assez de lait priaient Isis.

Femme portant un panier

NÉFERTITI

Cette statue de l'épouse du roi Akhenaton a été trouvée dans l'atelier d'un sculpteur à Tell el-Amarna. Il est possible que Néfertiti ait régné après la mort de son mari.

UNE FEMME PHARAON

Hatshepsout (1479-1457 av. J.-C.) fut la plus célèbre des très rares femmes pharaon. À ce titre, elle eut, elle aussi, son portrait en sphinx.

Barbe de cérémonie

LEURS MÉTIERS

Les femmes étaient domestiques, nourrices, boulangères, chanteuses, danseuses, et même médecins. Mais elles ne pouvaient pas être fonctionnaires.

LE PHARAON

Les Égyptiens voyaient dans leur pharaon un dieu vivant. Lui seul pouvait unifier le pays et maintenir l'harmonie du monde, ou Maât. Ils croyaient qu'après sa mort il trouverait la vie éternelle, pour lui-même mais aussi pour son peuple. Son pouvoir était absolu. Il commandait l'armée, levait les impôts, jugeait les criminels et contrôlait les temples.

HORUS
Le pharaon était associé aux dieux du Soleil et du ciel et surtout au dieu céleste à tête de faucon, Horus.

Thoutmosis IV

LE NOM DU PHARAON
Il était inscrit dans un cartouche. Cet ovale symbolisait le pouvoir du souverain sur "tout ce que le Soleil encercle".

LE ROI DU NIL
Hâpi était le dieu des crues du Nil. On le représentait comme un personnage androgyne au ventre gras. Ses seins symbolisaient la fertilité qu'il apportait.

ÂNKH

C'était le symbole de vie, attribué seulement aux dieux et aux rois. De nombreuses peintures figurent un dieu ou une déesse donnant vie à un pharaon en lui touchant la bouche.

LES ATTRIBUTS DU PHARAON

Toutankhamon porte une canne recourbée et un fouet. Le *nemes* rayé orne sa tête et il porte la barbe postiche de cérémonie. Le vautour et le cobra représentent la Haute et Basse-Égypte.

Uraeus (qui, dit-on, crachait du feu sur les ennemis du roi)

La déesse-vautour Nekhbet

Nemes (coiffe)

PÉPI II

Il régna 94 ans. Tous les 30 ans, on le couronnait à nouveau, lors de la fête du *hebsed* dont l'apothéose était une course qu'effectuait le roi pour montrer son aptitude à gouverner.

Barbe postiche

Crosse

ÉVENTAIL EN PLUMES D'AUTRUCHE

Le pharaon était tout puissant. Ses serviteurs l'éventaient et les visiteurs baisaient le sol devant lui. Qui le touchait sans y être autorisé risquait la peine de mort.

LA MAISON ROYALE

Les hauts dignitaires étaient appelés
"Amis uniques du pharaon".
Bon nombre d'entre eux vivaient
au palais. Dans les grandes
occasions, les grands prêtres
et les hauts fonctionnaires
venaient de tout
le pays se
joindre à eux.

CHASSE ROYALE
C'était le sport favori
du roi et de la cour.
Les nobles tuaient les oiseaux
avec une sorte de boomerang,
le bâton de jet. Le nom du pharaon
Akhenaton est peint sur ce bâton,
sans doute uniquement d'apparat.

**TRÔNE
DATANT DE
LA XVIIIᵉ
DYNASTIE**

**RAMSÈS III
ET SON HAREM**
Le pharaon était
entouré d'un harem,
constitué, en partie,
de ses nombreuses
épouses.

LA PUISSANCE
Le pouvoir du
pharaon était visible
dans tout le palais.
Les deux prisonniers
enchaînés sous
ce trône montrent
le contrôle du roi
sur les étrangers.

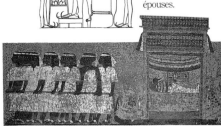

LES DIGNITAIRES DE TOUTANKHAMON
Sur cette fresque, trouvée dans le tombeau du pharaon,
on les voit tirer son cercueil lors de ses funérailles. Ce sont les
mêmes que ceux qui veillaient avec lui aux affaires de l'État.

LA REINE ENCEINTE
Cette image est la seule représentation connue d'une reine enceinte. Il s'agit de la mère du roi Thoutmosis III. Pour maintenir la pureté de la dynastie, les pharaons épousaient souvent leur sœur, leur cousine et, parfois même, leur propre fille.

UN PRINCE
Si la première épouse du pharaon ne lui donnait pas de fils, celui d'une autre de ses épouses devenait héritier. S'il ne naissait aucun fils, le pharaon suivant pouvait commencer une nouvelle dynastie.

REINE RAMESSIDE

DEUX COURTISANS
Il s'agit de Sennefer et de son épouse. Il était prince de Thèbes et administrateur des greniers, vers 1400 av. J.-C. et son épouse nourrice royale.

LA DÉESSE-REINE
La première épouse du pharaon régnait à ses côtés. On la considérait comme une reine et une déesse vivante. Le roi représentait le dieu Soleil alors que la reine était associée à Hathor, déesse de l'amour et à Isis, la déesse-mère.

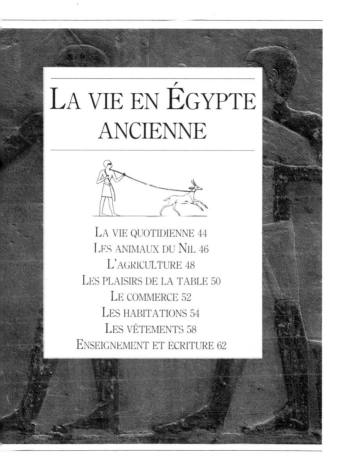

LA VIE EN ÉGYPTE ANCIENNE

LA VIE QUOTIDIENNE

Elle se déroulait autour de trois saisons : *akhet*, la crue,
de juillet à octobre, pendant laquelle les travaux
des champs s'arrêtaient ; *peret*,
en novembre, quand les eaux
baissaient et que commençaient
labours et semailles ; et *shemou*,
la saison la plus active, celle
des moissons.

LE SYSTÈME D'IRRIGATION
Les fermiers utilisaient un
chadouf pour puiser l'eau
du fleuve. Ils irriguaient la
terre grâce à un système
de canaux e
de digues

PYRAMIDE
Pendant la saison
des crues, des milliers
de paysans étaient sans travail. Ils rejoignaient les équipes
du pharaon pour participer à la construction des temples et
des pyramides. Ci-dessus, les vestiges de celle de Meïdoum,
élevée pour le pharaon Snéfrou vers 2550 av. J.-C.

Cœur en
calcaire de
la pyramide

Terres cultivées
à la limite
du désert

LE SAVIEZ-VOUS ?

• Les filles se mariaient fréquemment vers 12 ou 13 ans. Les garçons attendaient d'avoir 15 ans.

• Les Égyptiens s'embrassaient en se frottant le nez.

LA CHASSE DANS LES MARAIS
Ce bas-relief montre du bétail traversant le fleuve. Un veau est attaché à l'arrière du bateau pour attirer le reste du troupeau et l'inciter à traverser.

L'argent était plus rare que l'or pendant l'Ancien Empire.

LA MÈCHE DE L'ENFANCE
Les enfants se promenaient nus. Ils sont souvent représentés coiffés de cette façon.

LES BAGUES
Hommes et femmes portaient des bijoux, souvent en métal précieux. Le chaton pivotant de ces bagues est orné d'un scarabée sur une face et d'un motif porte-bonheur sur l'autre.

RECENSEMENT DU BÉTAIL
Cette miniature en bois représente le recensement annuel du bétail qui constituait un moyen d'évaluer la richesse d'une personne. Les scribes dénombraient les bêtes pour calculer les impôts du propriétaire.

LES ANIMAUX DU NIL

Dans le désert vivaient des lions, des loups, des antilopes, des taureaux et des lièvres. Les marécages résonnaient des chants des oiseaux exotiques. Les crocodiles paressaient au bord de l'eau où se vautraient les hippopotames. La nuit, chouettes, chacals et hyènes quittaient leur cachette pour se nourrir.

UN CHAT MOMIFIÉ
Les chats, consacrés à la déesse Bastet, étaient des animaux très appréciés. Il arrivait qu'on les embaume et qu'on les place dans des cercueils en forme de chat.

LE CROCODILE DIVINISÉ
Le grand crocodile du Nil tuait souvent. Parce qu'ils le craignaient, les Égyptiens en avaient fait un dieu, Sobek.

UNE "BANDE DESSINÉE"
Ce papyrus donne une idée de l'humour des Égyptiens. Le lion et l'antilope, ennemis jurés, jouent au *senet* ; de même les autres animaux qui se livrent à des activités contraires à leurs natures.

Le senet *était un jeu de société populaire.*

Le parfum sortait par la bouche.

Les irisations représentent les écailles.

UN VASE À PARFUM
Les Égyptiens pêchaient des perches et des poissons-chats. Le poisson était source d'inspiration, comme le montre ce flacon à parfum en verre.

Dessin d'une plante aquatique

UN BÉLIER SAUVAGE
Cette figurine a peut-être orné la table de toilette d'une riche dame. Il s'agit d'un pot à onguent en forme de bélier sauvage, animal qui vit aujourd'hui encore en bordure du Sahara.

Couvercle

Chat accroupi

L'HIPPOPOTAME
On craignait cet animal qui faisait chavirer les bateaux. La légende l'assimilait au dieu Seth, dieu du mal. Aussi, tuer un hippopotame était un symbole de victoire sur le mal.

Les chacals mènent les chèvres.

Un chat surveille des oies.

Le lion et le bœuf jouent ensemble

L'AGRICULTURE

La vie reposait sur l'exploitation de la plaine qui borde le Nil. On y cultivait le blé, l'orge et le lin. Les fermiers faisaient aussi pousser des haricots, des lentilles, des oignons, des poireaux, des concombres et des laitues, ainsi que des fruits comme le raisin, les figues et les grenades. Le bétail était composé de vaches, moutons, chèvres, oies et canards.

CUEILLETTE DES FIGUES
Friands de figues, les Égyptiens dressaient des babouins, aussi gourmands qu'eux, pour les cueillir.

Scribes calculant les impôts

Coffre en bois

Propriétaire de la tombe

Homme portant des cruches d'eau

Homme buvant à la cruche

Mère avec son bébé

Hommes coupant le blé à la faucille

Transport du grain dans des paniers

LE LABOURAGE

Ce modèle en bois représente un laboureur. La charrue est tirée par deux bœufs. S'il restait des mottes de terre, le laboureur les brisait avec une houe. Généralement, un autre paysan suivait pour semer les graines.

L'homme guide la charrue.

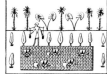

Le soc en bois fend la terre.

L'ARROSAGE

Un système de digues, bassins et canaux quadrillait les champs. Ci-dessus, un homme porte sur ses épaules un bâton auquel sont accrochés des baquets pleins d'eau.

Vannage

LES MOISSONS

Cette scène de moisson se trouve dans un tombeau. En bas, des hommes coupent les tiges de blé pour les mettre dans des paniers. En haut, d'autres ouvriers vannent le grain – ils le jettent en l'air pour le séparer de la balle. Des scribes notent les quantités.

BLÉ

Couvre-chef

LENTILLES

CULTURES

Les fermiers cultivaient une grande variété de produits sur la bande fertile située de part et d'autre du Nil. Ils remplissaient leurs greniers de grain dont ils faisaient du pain et de la bière.

...ttes se querellant pour ...blé qui reste sur le sol   *Pagne en lin*

DATTES

LES PLAISIRS DE LA TABLE

Le pain et la bière, nourriture de base, étaient faits suivant des procédés identiques, à partir de blé ou d'orge. Les boulangers faisaient des gâteaux sucrés avec des dattes ou du miel. On mangeait beaucoup de fruits et de légumes, mais la pomme de terre et les agrumes étaient inconnus. Les riches donnaient des banquets somptueux composés de toutes sortes de viandes arrosées de vin. Les pauvres se contentaient de poisson et de bière.

LE MIEL
Les Égyptiens ont sans doute été les premiers à élever des abeilles. Le miel servait à sucrer le vin, les gâteaux et la bière.

Siphon en bois

FILTRE À BIÈRE

Trous pour filtrer la bière

RAISIN

DU RAISIN AU VIN
Une fois le raisin écrasé dans un pressoir, le vin fermentait dans des jarres sur lesquelles on inscrivait l'année, le type de raisin, la région et le nom du propriétaire de la vigne.

PRESSOIR

LE BRASSAGE DE LA BIÈRE
Ce travail revenait aux femmes. Elles mélangeaient de la pâte à pain à de la levure. Le mélange fermentait et quelques semaines plus tard était filtré, puis assaisonné avec des épices ou des dattes. La bière était très épaisse et il fallait la filtrer pour la boire.

DES OFFRANDES NOURRISSANTES
Les Égyptiens déposaient dans les temples et les sépultures de la nourriture pour que les dieux et les âmes des morts soient bien nourris.

LA NOURRITURE QUOTIDIENNE
Les Égyptiens mangeaient du pain à tous les repas. Jusqu'au Nouvel Empire, où apparurent les boulangeries, les femmes faisaient elles-mêmes leur pain. Les miches avaient des formes variées, certaines étaient réservées aux rites religieux. Ce pain trouvé dans un tombeau y avait été déposé il y a plus de 3 000 ans.

Les babouins ne résistaient pas aux figues.

FIGUES ACTUELLES

PAIN

DATTES ACTUELLES

CHEZ LE BOUCHER
Ce modèle funéraire représente des bouchers égorgeant un bœuf. La viande était rôtie, bouillie ou cuite en ragoût. Les Égyptiens aisés mangeaient beaucoup de viande et de gibier : antilopes, gazelles, porcs-épics, lièvres, cailles et grues étaient au menu.

FRUITS DE PALMIERS ANTIQUES

LE COMMERCE

Pendant presque toute l'Antiquité, l'Égypte a été le pays le plus riche du monde. Le pays produisait plus de nourriture qu'il n'en consommai et l'excédent de céréales, de lin, de papyrus et de poisson séché était exporté en échange de produits de luxe comme l'encens, l'argent et le bois de cèdre. À l'est on importait les chevaux d'Asie tandis qu'au sud, la Nubie et le pays de Pount fournissaient l'or, l'ivoire et l'encens.

DES ŒUFS POUR LE ROI
Les régions du sud envoyaient au pharaon des plumes et des œufs d'autruche.

Ébène

Jaspe rouge

Encens

Anneaux d'or

Queues de girafes

Baboui

DES CADEAUX NUBIENS
Ces émissaires nubiens apportent des présents à la cour d'Égypte. La Nubie était riche en cuivre, en or et en pierres semi-précieuses. Les marchands approvisionnaient l'Égypte en produits exotiques – encens et animaux sauvages.

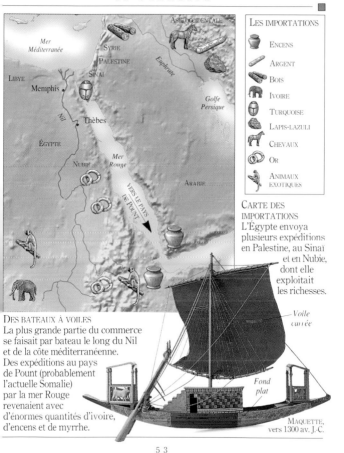

LES IMPORTATIONS

ENCENS

ARGENT

BOIS

IVOIRE

TURQUOISE

LAPIS-LAZULI

CHEVAUX

OR

ANIMAUX
EXOTIQUES

CARTE DES
IMPORTATIONS
L'Égypte envoya
plusieurs expéditions
en Palestine, au Sinaï
et en Nubie,
dont elle
exploitait
les richesses.

DES BATEAUX À VOILES
La plus grande partie du commerce
se faisait par bateau le long du Nil
et de la côte méditerranéenne.
Des expéditions au pays
de Pount (probablement
l'actuelle Somalie)
par la mer Rouge
revenaient avec
d'énormes quantités d'ivoire,
d'encens et de myrrhe.

Voile
carrée

Fond
plat

MAQUETTE,
vers 1300 av. J.-C.

Map labels: Mer Méditerranée, ASIE OCCIDENTALE, SYRIE, PALESTINE, SINAÏ, Euphrate, LIBYE, Memphis, Golfe Persique, Nil, Thèbes, ÉGYPTE, Mer Rouge, NUBIE, ARABIE, VERS LE PAYS DE POUNT

LES HABITATIONS

Les maisons étaient conçues pour garder la fraîcheur. Elles étaient bâties en briques, des plus modestes au palais du pharaon. Les familles aisées vivaient dans des demeures spacieuses avec des jardins luxuriants et des bassins remplis de poissons. Dans les villes, les plus pauvres vivaient dans des petites maisons serrées les unes contre les autres, vrai labyrinthe d'allées, de passages et de places.

BRIQUES
On mélangeait la boue du Nil avec du sable et de la paille que l'on comprimait dans un moule en bois.

FRESQUES ANTIQUES
Les murs et les plafonds des riches demeures étaient décorés de formes géométriques colorées ou de motifs végétaux.

La terrasse était un endroit frais pour dormir.

Bassin décoratif

Cuisine avec un foyer à ciel ouvert

L'INTÉRIEUR
Dans les riches demeures, les pièces principales étaient situées loin des odeurs de la cuisine. Certaines chambres à coucher avaient leurs propres bains et leurs toilettes.

Toit plat

Chaise

Escalier menant au premier étage

Entrée à colonnes

UNE MAISON MODESTE

Cette maison miniature en terre (vers 1900 av. J.-C.) était placée dans un tombeau pour que le défunt y vive dans l'au-delà. Elle révèle des détails architecturaux des maisons de l'époque.

Lit

Les aliments étaient conservés et cuits dans la cour.

LE SAVIEZ-VOUS ?

• Les briques étaient parfois marquées au nom du pharaon régnant.

• La "semaine" de travail durait 9 jours, le 10e était un jour de repos.

• Les fenêtres étaient petites pour ne pas laisser entrer la chaleur.

UN VILLAGE AU BORD DU NIL AUJOURD'HUI

Les maisons égyptiennes sont toujours en briques. Certaines villes sont sur des collines, à force d'avoir été reconstruites sur les ruines des villes précédentes.

À la maison

Les maisons égyptiennes étaient peu meublées.
Les tables étaient rares et les représentations
montrent les gens assis en tailleur par terre.
On dormait sur une sorte de banc construit
dans le mur ; seuls les riches
avaient de vrais lits.

Les meubles qui ont survécu
ont des lignes simples et
élégantes. Certains sont
finement travaillés, incrustés
de pierres précieuses,
de verre et de bois rares.

**DES SIÈGES
POUR LES NOBLES**
Seuls les gens aisés avaient
des chaises. Elles étaient
basses et larges. Les pieds
étaient souvent sculptés
en forme de patte de lion
ou de sabot de taureau.

DOMESTIQUE
ATTISANT
LE FEU

Cette amphore repose sur un socle spécial.

LES GUÉRIDONS DE BOIS
Les lampes et les amphores étaient
posées sur des guéridons. Les
lampes à huile constituaient la
seule lumière artificielle. L'huile
coûtait cher ; les plus
pauvres se couchaient
donc avec le soleil.

Corde

LE FEU
Ce système
pour faire du
feu est le seul
qu'on ait
retrouvé. On posait
un bâton sur une base en bois
et on faisait pivoter d'avant en
arrière une sorte d'arc enroulé
autour du bâton. Le frottement
enflammait la base en bois.

*Décorations
sculptées*

Arc

*Pieds
peints*

*Bâton
à feu*

*Extrémité du
bâton enfoncée
dans un trou*

Base

*Trous noircis
par le feu*

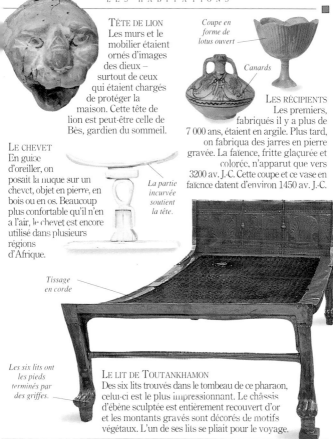

TÊTE DE LION
Les murs et le mobilier étaient ornés d'images des dieux – surtout de ceux qui étaient chargés de protéger la maison. Cette tête de lion est peut-être celle de Bès, gardien du sommeil.

Coupe en forme de lotus ouvert

Canards

LES RÉCIPIENTS
Les premiers, fabriqués il y a plus de 7 000 ans, étaient en argile. Plus tard, on fabriqua des jarres en pierre gravée. La faïence, fritte glaçurée et colorée, n'apparut que vers 3200 av. J.-C. Cette coupe et ce vase en faïence datent d'environ 1450 av. J.-C.

LE CHEVET
En guise d'oreiller, on posait la nuque sur un chevet, objet en pierre, en bois ou en os. Beaucoup plus confortable qu'il n'en a l'air, le chevet est encore utilisé dans plusieurs régions d'Afrique.

La partie incurvée soutient la tête.

Tissage en corde

Les six lits ont les pieds terminés par des griffes.

LE LIT DE TOUTANKHAMON
Des six lits trouvés dans le tombeau de ce pharaon, celui-ci est le plus impressionnant. Le châssis d'ébène sculptée est entièrement recouvert d'or et les montants gravés sont décorés de motifs végétaux. L'un de ses lits se pliait pour le voyage.

LES VÊTEMENTS

Les hommes se couvraient les reins
d'un pagne, laissant leur torse nu ou se
couvrant les épaules d'une cape ou d'une
écharpe de lin. Les femmes portaient de
longues robes ajustées. Le soir, lorsqu'il
faisait frais, elles se couvraient de
vêtements à manches longues. Plus
tard, ce fut la mode des tuniques
et des robes agrémentées de
plis. Hommes et femmes
portaient des perruques.

Le tissu mouillé était mis sous presse dans les rainures.

PLANCHE À PLIS

PLISSAGE
On utilisait des planches
rainurées de ce type pour
plisser les vêtements
des riches Égyptiens.

LIN GROSSIER
Les vêtements des gens du peuple
étaient grossièrement tissés.
Les tissus plus fins étaient
réservés aux riches. Le
tissage le plus raffiné
était une mousseline
quasi transparente,
le "lin royal".
On connaissait
la teinture, mais la
plupart des vêtements
étaient blanc naturel.

Fibres de lin tissées

UN HAUT DIGNITAIRE
Il s'agit de Mererouka, vizir du
roi Téti vers 2340 av. J.-C. Il porte
le pagne court typique de l'Ancien
Empire, noué autour de la taille.

VÊTEMENT ROYAL
Les Égyptiens
n'étaient pas prudes.
Les rois sont souvent
représentés vêtus
de pagnes courts et les
reines, de robes presque
transparentes. Lors des
cérémonies, le roi portait
un vêtement long et un
manteau sophistiqué aux
innombrables plis.

DAME DE LA COUR
Les vêtements
étaient plutôt
drapés que coupés
sur mesure. La robe
à franges, finement
plissée, de cette
noble dame
laisse un bras
découvert et
descend plus bas
que les chevilles.

LE FILAGE DU LIN
Les femmes passaient les tiges de lin
dans un peigne pour en retirer les
extrémités piquantes. Puis elles
séparaient les fibres de la tige et
les filaient sur un fuseau lesté
par un poids. Les fils de lin étaient
ensuite tissés sur
un métier.

Poids

FUSEAU

PEIGNE
À LIN

*Lanière
en ficelle*

LE SAVIEZ VOUS ?

• Tous les matins,
les prêtres habillaient
les statues des dieux,
et les déshabillaient
le soir.

• Les paysans et les
pêcheurs préféraient
parfois travailler tout
nus.

*En
tournant,
le fuseau
tord les
fibres.*

LES SANDALES
La plupart des
Égyptiens marchaient
pieds nus. Mais
les prêtres et
les gens riches
portaient des
sandales en
cuir, en roseau
ou en papyrus
(qui poussaient sur
les bords du Nil).

Bijoux et maquillage

Les Égyptiens soignaient beaucoup leur apparence. Ils s'enduisaient le corps d'huiles, se maquillaient lourdement les yeux et aspergeaient leurs vêtements de parfums suaves. Pour les fêtes, les femmes fixaient des cônes d'encens sur leurs perruques, ils fondaient lentement et parfumaient les cheveux et les vêtements. Les riches portaient des bijoux en or sertis de pierres semi-précieuses.

Malachite

Galène

COULEURS
Le fard vert pour les yeux provenait de la malachite, le khôl, de la galène et le fard rouge pour les lèvres, de l'oxyde de fer.

Oxyde de fer

BOUCLES D'OREILLE

LA MODE DES PERRUQUES
Les Égyptiens n'aimaient pas les vrais cheveux. Ils se rasaient le crâne avec des rasoirs en bronze et portaient des perruques en cheveux humains, bouclées ou tressées de différentes façons.

Coquille de cauri

Poisso

Mèche de l'enfance

Heh, dieu des "millions d'années"

Fleur de lotus

CEINTURE DORÉE
Ce bijou porté autour de la taille est orné de perles de cornaline, d'améthyste, de lapis-lazuli et de turquoise, et d'amulettes en or.

Cerclé d'or

POT À MAQUILLAGE
Ces pots sont souvent des œuvres d'art. Celui-ci est en anhydrite.

UNE PALETTE À COSMÉTIQUE
Cet étui à fard est sculpté
et peint pour figurer un bouquet
de fleurs dont les boutons sont
en ivoire légèrement rosé. L'étui
est clos par un couvercle pivotant.

*Le couvercle pivote
latéralement.*

UN BRACELET
Sur ce bracelet, des
cobras protègent
l'enfant, assimilé au
dieu Néfertoum.

*Coiffe
en forme
de lotus*

*Surface de
métal poli*

Canard

*Le manche
représente
une servante.*

MIROIR EN MÉTAL
Le miroir en verre
n'existait pas ; les
Égyptiens n'avaient
que des disques
polis en cuivre
ou en bronze
pour s'admirer.
La surface brillante
du miroir leur
rappelait le soleil
qu'ils vénéraient.

Feuilles

*Étui en verre
coloré avec
applicateur*

LE FARD POUR LES YEUX
Conservé dans des étuis, on
l'appliquait avec des bâtonnets en
métal. Les enfants aussi en mettaient
pour se protéger contre les infections.

ENSEIGNEMENT ET ÉCRITURE

Peu d'enfants allaient à l'école. Pour être orfèvres ou peintres, les garçons faisaient leur apprentissage dans un atelier ou avec une équipe d'ouvriers. Les scribes recevaient une instruction qui commençait à l'âge de 9 ans et durait près de 5 ans. Ils travaillaient dur et les paresseux étaient battus. Mais cela en valait la peine : ils appartenaient à la minorité qui savait lire et écrire, et avaient ainsi un statut enviable

Tronçons disposés à angle droit

LE PAPYRUS

On faisait du papier avec la tige du papyrus. On débitait la moelle en tronçons, disposés en deux couches superposées et martelés pour obtenir une feuille.

Les textes en hiératique se lisent de droite à gauche.

TROIS ÉCRITURES

Les hiéroglyphes (en grec, gravure sacrée) sont la base de l'écriture idéographique égyptienne. Les scribes utilisèrent ensuite deux autres écritures plus rapides, le hiératique et le démotique.

Les hiéroglyphes se lisaient aussi bien de gauche à droite que l'inverse, verticalement ou horizontalement.

Quand le signe est tourné vers la gauche, on lit de gauche à droit

LE MATÉRIEL D'ÉCRITURE

Les scribes voyageaient souvent pour leur travail. Ils ne partaient jamais sans leur pot à eau, leur pinceau en papyrus, les plumes et l'encre rangés dans un plumier en bois. Ils fabriquaient eux-mêmes leur encre. Les roseaux taillés (calames) apparurent en Égypte pendant la période grecque.

Palette, encrier et plumes

Roseau fendu pour recevoir l'encre

LE SAVIEZ-VOUS ?

• Les fils reprenaient en général le métier de leur père.

• Les scribes se moquaient des autres professions ; ils disaient par exemple que "les forgerons sentent plus mauvais que les œufs de poisson".

Porte-pinceaux, pot à eau et palette

HIÉROGLYPHE SIGNIFIANT "SCRIBE" OU "ÉCRIRE"

Rouleau de papyrus

SCRIBE ASSIS

La position traditionnelle du scribe est assis en tailleur. Le sculpteur lui a fait un ventre rond, car l'obésité était un signe de réussite.

Les hiéroglyphes

Pendant près de 1 500 ans, personne ne fut capable de lire les hiéroglyphes, l'écriture idéographique de l'Antiquité égyptienne. L'égyptologue français Jean-François Champollion passa une grande partie de sa vie à tenter de décrypter ces signes. En 1822, il trouva la clé des hiéroglyphes en étudiant la Pierre de Rosette, ouvrant ainsi la voie aux experts.

Ce texte est un message de remerciement au pharaon Ptolémée V.

Démotique

L'ovale représente le pouvoir.

LE NOM DU ROI
Le nom du pharaon était inscrit dans un cartouche ovale. Ce bijou contient le cartouche de Sésostris II.

Sa	Ânkh	N	Râ	Nefer
Fils	Vie	De	Soleil	Beau

UN DESSIN POUR UN MOT OU POUR UN SON
Le hiéroglyphe représente un mot ou un son. Par exemple, le scribe dessinait une oie pour le son "sa" et le mot "fils".

On reconnaît le nom d'un pharaon parce qu'il est inscrit dans un cartouche.

Hiéroglyphes

CHAMPOLLION (1790-1832)

Il parlait 12 langues à l'âge de 16 ans. Il commença par déchiffrer les noms des pharaons. Vers 1824, il avait résolu le problème de la plupart des symboles hiéroglyphiques et commença à rédiger une grammaire de l'égyptien.

Ptolmys (ou Ptolémée)

Ptolémée (en démotique)

ΠΤΟΛΕΜΑΙΟΣ

Ptolemaios (en grec)

LA PIERRE DE ROSETTE

Gravée en 196 av. J.-C., cette stèle fut exhumée en 1799. Le même texte est répété trois fois : en hiéroglyphes, en démotique et en grec. Connaissant le grec, Champollion utilisa ce texte pour déchiffrer les deux autres.

LA CLE DU MYSTERE

Le physicien Thomas Young fut le premier à déchiffrer certains hiéroglyphes du nom "Ptolémée". Mais c'est Champollion qui découvrit que certains signes étaient idéographiques (représentation d'idée) alors que d'autres étaient phonétiques (représentation de son).

P T O L M Y S

K L E O P A T R A

Grec

La stèle, trouvée près de Rosette, dans le delta du Nil, est en basalte noir.

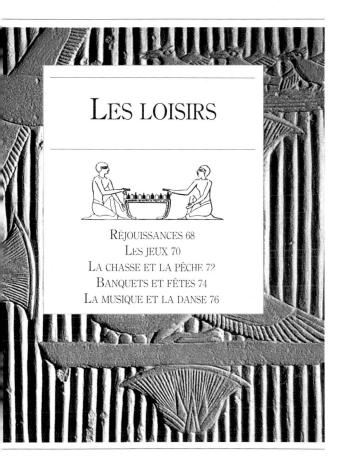

LES LOISIRS

RÉJOUISSANCES

Les Égyptiens aimaient passionnément la vie. Ils organisaient de grandes fêtes pendant lesquelles ils mangeaient et buvaient, accompagnés par des danseurs et des musiciens. Ils s'adonnaient à la chasse et à la pêche. Mais ils aimaient aussi la poésie et les jeux de société.

LA PÊCHE À LA LIGNE

Le peuple égyptien fut le premier à pêcher pour le plaisir. Les nobles sont souvent représentés dans un fauteuil, en train de lancer leur ligne dans des bassins.

L'AMOUR DE LA MUSIQUE

Sur cette peinture (1400 av. J.-C.), une femme joue de la flûte double pendant que ses compagnes frappent des mains ou dansent. Dans l'art égyptien, il est très rare de voir les personnages représentés de face.

LE SAVIEZ-VOUS ?

• Les Égyptiens pratiquaient la nage sur le dos et le crawl. Les enfants des classes aisées prenaient des leçons de natation.

• Les joyeux convives des fêtes sur le Nil montraient parfois leur derrière à la foule massée sur la rive.

UNE FRONDE RUDIMENTAIRE

Cet objet est l'ancêtre du lance-pierre. Il date d'environ 1900 av. J.-C. et fut trouvé dans la ville de Kahoun dans l'oasis du Fayoum. Cette arme servait probablement à éloigner les oiseaux des vignes et des jardins luxuriants. On enroulait une extrémité de la lanière autour d'un doigt pour ne pas lancer la fronde avec la pierre.

Corde tissée

Boucle pour le doigt

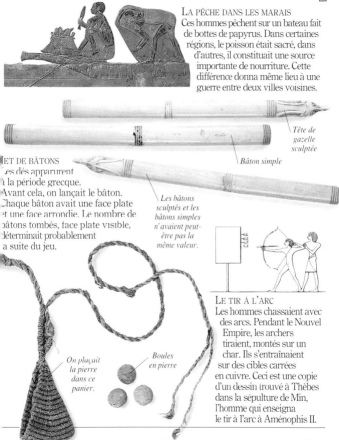

LA PÊCHE DANS LES MARAIS
Ces hommes pêchent sur un bateau fait de bottes de papyrus. Dans certaines régions, le poisson était sacré, dans d'autres, il constituait une source importante de nourriture. Cette différence donna même lieu à une guerre entre deux villes voisines.

Tête de gazelle sculptée

Bâton simple

ET DE BÂTONS
Les dés apparurent à la période grecque. Avant cela, on lançait le bâton. Chaque bâton avait une face plate et une face arrondie. Le nombre de bâtons tombés, face plate visible, déterminait probablement la suite du jeu.

Les bâtons sculptés et les bâtons simples n'avaient peut-être pas la même valeur.

On plaçait la pierre dans ce panier.

Boules en pierre

LE TIR À L'ARC
Les hommes chassaient avec des arcs. Pendant le Nouvel Empire, les archers tiraient, montés sur un char. Ils s'entraînaient sur des cibles carrées en cuivre. Ceci est une copie d'un dessin trouvé à Thèbes dans la sépulture de Min, l'homme qui enseigna le tir à l'arc à Aménophis II.

LES JEUX

Les enfants nageaient, dansaient, montaient des ânes et jouaient à saute-mouton ou à la lutte à la corde. Ils aimaient les balles, les poupées et les jouets en forme d'animaux. Les animaux de compagnie étaient très populaires : chats, oiseaux et singes. Chez les adultes, le jeu de société le plus répandu était le *senet*. Toutankhamon en était si épris qu'il se fit enterrer avec quatre damiers.

TOUPIES
Les enfants les faisaient tourner à la main ou en les lançant à l'aide d'une ficelle dont ils entouraient le jouet.

BALLES EN TERRE CUITE
On a trouvé toutes sortes de balles : en papyrus, en chiffon et en cuir. Celles-ci, joliment colorées, étaient remplies de graines ou de petits morceaux de terre qui faisaient du bruit quand on les lançait.

JONGLERIE
Ces femmes pouvaient être des jongleuses professionnelles ou peut-être sont-elles ici simplement en train de jouer ou d'accomplir un rite.

La ficelle faisait bouger la mâchoire inférieure

CHAT EN BOIS
En tirant la ficelle, on lui ouvrait ou lui fermait la bouche. On a trouvé d'autres jouets en forme d'animaux, avec des yeux en verre, des pattes articulées et la queue qui remue.

CHEVAUX ET MOMIES

On tirait ce cheval de bois grâce à une ficelle passée dans le naseau. On a trouvé des statuettes en boue en forme d'animaux et même des momies miniatures dans leur cercueil. Il s'agissait de jouets ou d'offrandes votives.

Senet

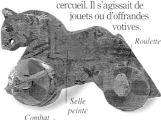

Roulette

Selle peinte

Combat au bâton

LE *SENET*

Le jeu consistait à déplacer des pions sur un damier comportant 30 cases – certaines cases étaient dangereuses, d'autres favorables. Malheureusement les règles exactes du jeu restent inconnues.

LES TOURNOIS

Les hommes s'affrontaient dans diverses formes de combat : boxe, lutte ou escrime, représentées sur cette scène peinte dans un tombeau de Béni-Hassan.

Case d'arrivée

Nom du pharaon en hiéroglyphes

LE JEU DU SERPENT

Il s'agit de l'un des jeux égyptiens les plus anciens. La surface de jeu représente un serpent enroulé sur lui-même. Les joueurs plaçaient leur bille à l'extrémité de la queue. Le but était d'atteindre la tête, au centre.

LA CHASSE ET LA PÊCHE

Le sport favori des riches était la chasse. Dans les premiers temps, ils chassaient à pied les antilopes, les taureaux et les lions. Plus tard, ils utilisèrent des chars tirés par des chevaux. Les pharaons étaient fiers de leur tableau de chasse. Ainsi Aménophis III se vantait d'avoir tué 102 lions en dix ans de règne.

L'HOMME ET L'ANTILOPE
Les Égyptiens utilisaient des chiens et parfois même des hyènes pour attraper les antilopes.

LA CHASSE AU FILET
Dans les marécages, on attrapait des poissons et du gibier d'eau que l'on appâtait avec des grains de blé ou des asticots.

LES RADEAUX DE PÊCHE
Les Égyptiens pêchaient par plaisir et par nécessité. Pendant l'Ancien Empire, on attrapait le poisson au filet ou avec une lance. Plus tard, la pêche à la ligne eut beaucoup de succès.

Bosquet de papyrus

Le chasseur lance le bâton.

Son épouse

Canard servant d'appât

Sa fille maintient le radeau.

GIBIER D'EAU
Les nobles préféraient chasser les oiseaux avec une sorte de boomerang qui leur brisait le cou. Cet homme chasse avec sa famille, il a même amené son chat.

LA CHASSE AUX HYÈNES
On les chassait pour le plaisir, mais aussi parce qu'elles étaient une menace pour le bétail.

LA CHASSE À L'HIPPOPOTAME
Ces trois hommes attaquent les hippopotames avec des lances attachées par de longues cordes qui permettaient de ramener les bêtes mourantes sur la terre ferme.

UN LUTHISTE
Des musiciens
jouaient
et chantaient
pendant
les banquets.

BANQUETS ET FÊTES

Les Égyptiens organisaient des fêtes
pour célébrer les naissances, les mariages,
certains rites religieux, ou simplement pour
le plaisir de recevoir. Les riches aimaient
organiser des banquets. Parés de leurs plus
beaux atours, les convives installés sur
des chaises ou sur des
coussins à même
le sol mangeaient avec
les doigts et buvaient
des quantités de vin.

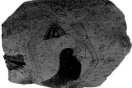

Acrobate

Jarre de
vin

APRÈS LE DÎNER, LE SPECTACLE
Les banquets constituaient les
principales occasions de se produire
pour les danseurs, les acrobates
et les autres artistes.

UN BANQUET SOUS LE NOUVEL EMPIRE
Cette scène témoigne de l'hospitalité
égyptienne. Une armée de serviteurs offre
aux convives, des mets, du vin et des cadeaux.

Les mets sont
empilés sur
les tables.

TROP IVRES POUR TENIR DEBOUT
Les invités buvaient parfois exagérément,
certains allaient même jusqu'à vomir. Ici,
on ramène deux hommes ivres chez eux.

LES OFFRANDES
Les scènes d'offrande de nourriture
nous donnent une idée du type de mets
que les riches offraient à leurs invités.

*Servante
légèrement vêtue*

Vêtements plissés

*L'invité
reçoit un
collier en
cadeau.*

*Les couples
mariés se
donnent
le bras.*

*Pieds de
chaise en
forme de
griffes de lion*

*Cônes
d'encens*

*Les serviteurs
offrent du vin
et des fleurs
de lotus aux
convives.*

*Ces femmes,
assises ensemble,
sont probablement
célibataires.*

LA MUSIQUE ET LA DANSE

Les chanteurs s'accompagnaient
de harpes, luths, flûtes, tambours
et tambourins. Dans les fêtes publiques,
la foule reprenait en chœur et tapait
des mains, pendant que des danseurs
bondissaient
et tournoyaient.
Le travail aussi
s'effectuait souvent
en musique.

MINIATURE DE HARPISTE
Elle fut placée dans un tombeau pour
divertir les convives lors des fêtes dans
l'au-delà. Sur les peintures tombales, les
harpistes sont souvent
des hommes
aveugles.

EN CHANTANT
Le chant jouait un grand rôle dans
la musique égyptienne. Ces jeunes
femmes chantent
et dansent en tapant
sur des tambourins
et des tambours.

*Double couronne
d'Égypte*

CYMBALES
Nous n'avons qu'une
idée très vague de ce qu'était
la musique de l'époque parce
qu'elle n'était pas écrite. Il existait une
grande variété d'instruments. Ces cymbales
en bronze marquaient le rythme et la mesure.

Tête
d'Horus

UN VÉRITABLE BALLET
Ces hommes ont l'air de danser
le french-cancan. En Égypte,
les hommes dansaient avec
les hommes et les femmes
avec les femmes.

Clé

UN SISTRE
Cymbales, cloches
crécelles en métal,
appelées sistres,
étaient réservées
à la musique
religieuse.

Cinq
cordes

LA HARPE
Les paroles de
certaines chansons
nous sont parvenues.
"Amuse-toi tant
que tu vis" est le début
de la Chanson du Harpiste,
trouvée dans le tombeau du roi
Antef. Les premières harpes sont
apparues en Égypte vers 2300 av. J.-C.
Elles avaient de quatre à vingt
cordes et certaines avaient la
taille d'un homme.

BATTOIRS
En os ou
en ivoire, ils
font penser à
de grandes
castagnettes.
Les musiciens
les tenaient
d'une main
et les heurtaient
l'un contre
l'autre.

Battoir
en forme
de main

Cette harpe
en forme de pharaon
appartenait sans doute à
un musicien de la cour.

Les deux battoirs
étaient attachés
avec une ficelle.

ARCHITECTURE ET TECHNIQUES

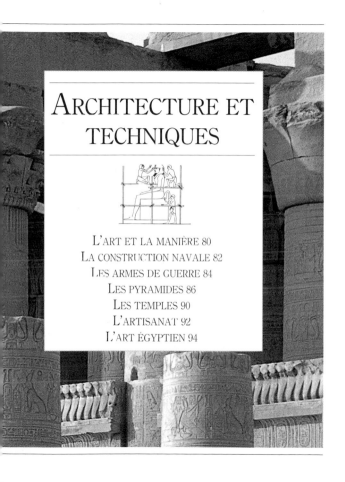

L'ART ET LA MANIÈRE

Les Égyptiens avaient le sens pratique.
Les pyramides, les tombeaux et les temples,
qui sont toujours debout, montrent leur maîtrise
en matière d'architecture et
de construction. Tous ces monuments
sont l'œuvre d'artisans
talentueux, en permanence
au service du pharaon.

LE FIL À PLOMB
Il servait à vérifier
les verticales
et à marquer
des repères pour
les peintures et les
sculptures murales.

BRIQUE EN TERRE

MOULAGE
Cette statuette en bois trouvée dans
un tombeau montre un homme en
train de mouler une brique de terre.

Des joints
en bois
maintenaient
le moule.

MOULE
À BRIQUE
EN BOIS

Manche

BRIQUE EN TERRE ET MOULE
Les constructions égyptiennes étaient le plus
souvent en briques. Les ouvriers utilisaient
un moule de ce type pour façonner les briques
(mélange de boue du Nil, de sable et de paille).

LE SAVIEZ-VOUS ?
• Le pharaon
Chéphren fit édifier
vingt-trois statues
grandeur nature
de lui-même dans
un seul temple.

• La première grève
connue fut décidée
par les artisans
qui travaillaient au
tombeau de Ramsès III
en 1150 av. J.-C.

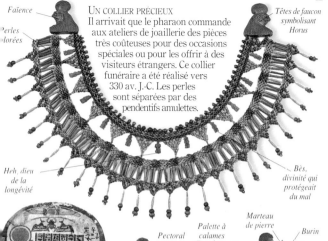

UN COLLIER PRÉCIEUX

Il arrivait que le pharaon commande aux ateliers de joaillerie des pièces très coûteuses pour des occasions spéciales ou pour les offrir à des visiteurs étrangers. Ce collier funéraire a été réalisé vers 330 av. J.-C. Les perles sont séparées par des pendentifs amulettes.

Faïence

Perles colorées

Têtes de faucon symbolisant Horus

Heh, dieu de la longévité

Bès, divinité qui protégeait du mal

Marteau de pierre

Pectoral

Palette à calames

Burin

Trépied

Coffret en ébène

Récipient en métal

Orfèvre terminant un sphinx

ART FUNÉRAIRE

Les plus belles œuvres d'art furent réalisées pour les tombeaux des rois. Sur cette stèle funéraire en bois, une prêtresse lève les mains en signe d'adoration à Rê-Horakhty.

LE TRAVAIL DU MÉTAL

De nombreuses peintures représentent des ateliers artisanaux. Ici, deux joailliers terminent un pectoral et le placent dans un coffret. À droite, un homme grave une inscription tandis qu'un autre travaille à un sphinx doré. Dans la même tombe, on a retrouvé d'autres scènes représentant des contrôleurs qui pèsent l'or et vérifient les objets terminés.

LA CONSTRUCTION NAVALE

Le Nil était la principale voie de communication.
On transportait tout par bateau : du grain au
bétail en passant par les cercueils et les pierres
de taille. Seuls les meilleurs bateaux étaient
en bois, matériau rare. La plupart des voyageurs
et des pêcheurs naviguaient sur des radeaux en
bottes de papyrus.

RAME-GOUVERNAIL
Les Égyptiens
dirigeaient leurs
bateaux avec une
rame spéciale située à
la poupe. Cette rame
peinte a été trouvée
dans un bateau près
de la pyramide du
pharaon Sésostris III
(vers 1850 av. J.-C.).
L'œil d'Horus
protégeait
l'embarcation.

Corde

Arc

**FORET
À ARC**

*Pointe
du foret*

HERMINETTE

Lame

LES OUTILS
Les outils de menuisie
et de charpentier ont peu
évolué depuis l'Antiquit
égyptienne. On a retrouv
des scies, des burins et des
haches. Cette herminette
servait à façonner et à raboter
et le foret à arc à percer
les trous d'assemblage
des morceaux de bois.

*L'homme se sert
d'une herminette pour
planer la coque.*

LES CHARPENTIERS
Cette scène, trouvée dans une
tombe à Saqqarah, date d'environ
2300 av. J.-C. Les Égyptiens
n'avaient pas encore
découvert le fer, aussi les
outils et les chevilles étaient-
ils en cuivre et en bois.

MAQUETTE DE BATEAU
Les Égyptiens plaçaient une barque dans la tombe pour qu'elle emporte la momie du défunt vers l'au delà.

Dais de protection contre le soleil

Rames

Pleureuse assimilée à Isis

Momie

Proue sculptée en forme de botte de papyrus

Cinq paires de rames

Prêtre

Timonier

Poupe

Cabine royale

Rame-gouvernail

LA BARQUE DE KHÉOPS
C'est la barque funéraire la mieux conservée. Elle est faite de 651 pièces de bois de cèdre et mesure 43,5 m. Elle fut trouvée en 1954 dans une fosse près de son tombeau, la Grande Pyramide de Gizeh.

BATEAU POUR LE NIL

DES VOILIERS
Lorsqu'on suivait le courant, on naviguait à la rame. On sortait les grandes voiles pour remonter le courant.

NAVIRE DE MER

BATEAU DE MARCHANDISE

LES ARMES DE GUERRE

Les armées de l'Ancien et du Moyen Empire étant peu importantes, on avait recours à la conscription en cas de conflit. Pendant le Nouvel Empire, une armée permanente se forma peu à peu, avec son infanterie, ses éclaireurs et ses marins. Dans les chars, deux soldats prenaient place, l'un tenait les chevaux pendant que l'autre attaquait.

ÉPÉE COURTE

ÉPÉE LONGUE

DAGUE

DÉESSE DE LA GUERRE
Sekhmet, à tête de lionne et corps de femme, se tenait près du pharaon pendant les combats, armée de flèches "avec lesquelles elle transperce les cœurs".

ARMES BLANCHES
Les dagues avaient des lames en cuivre effilées protégées par un fourreau en bois. Les épées furent introduites sous le Nouvel Empire.

FORMATION DE COMBAT
Les fantassins, vêtus de pagnes et armés de lances, étaient entraînés pour combattre en formation serrée, de façon à présenter à l'ennemi un mur de boucliers.

POINTES DE FLÈCHE
Pendant des milliers d'années, les pointes de flèche furent en pierre (surtout en silex), en os ou en ébène. Le bronze ne fut utilisé qu'à partir de 1800 av. J.-C.

SILEX

BRONZE

LES CHARS
Rapportés du Moyen-Orient vers 1650 av. J.-C., ils révolutionnèrent les techniques guerrières. Ici, Toutankhamon tire des flèches sur les Nubiens depuis son char.

LES ARCHERS
En rang serré, ils donnaient l'assaut. À pied ou montés sur des chars, ils criblaient les ennemis de flèches. De nombreux archers venaient de Nubie, surnommée par les Égyptiens "le pays de l'arc".

HACHE À MANCHE D'ARGENT

HACHE DE CÉRÉMONIE

LA HACHE
Elle était répandue dans tout le Moyen-Orient. Celle de cérémonie était une récompense accordée pour bravoure.

PROTÈGE-POIGNET
Il protégeait le poignet gauche de l'archer contre le coup de fouet de la corde de l'arc.

SOLDAT À CHEVAL
L'armée s'appuyait sur ses chars et sa cavalerie. Cette image rare date de l'époque hellénistique.

LES MERCENAIRES
Les Égyptiens augmentaient leurs forces en engageant des mercenaires étrangers qu'ils autorisaient à conserver leurs armes et leurs vêtements.

HACHE DE COMBAT

LES PYRAMIDES

Depuis leur construction – il y a plus de 4 500 ans – les pyramides de Gizeh n'ont cessé d'émerveiller les visiteurs. Les pyramides sont en fait des tombeaux destinés à abriter les momies des rois. Leur taille imposante et la précision de la construction sont stupéfiantes.

▲ CLASSIQUE
▲ RHOMBOIDALE
▲ À DEGRÉS

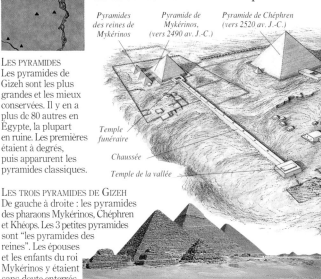

Pyramides des reines de Mykérinos

Pyramide de Mykérinos, (vers 2490 av. J.-C.)

Pyramide de Chéphren (vers 2520 av. J.-C.)

Temple funéraire

Chaussée

Temple de la vallée

LES PYRAMIDES
Les pyramides de Gizeh sont les plus grandes et les mieux conservées. Il y en a plus de 80 autres en Égypte, la plupart en ruine. Les premières étaient à degrés, puis apparurent les pyramides classiques.

LES TROIS PYRAMIDES DE GIZEH
De gauche à droite : les pyramides des pharaons Mykérinos, Chéphren et Khéops. Les 3 petites pyramides sont "les pyramides des reines". Les épouses et les enfants du roi Mykérinos y étaient sans doute enterrés.

LE SPHINX

La statue massive à corps de lion et à tête humaine semble garder le complexe funéraire de Gizeh. On pense que le Sphinx représente le pharaon Chéphren.

Grande Pyramide, construite pour le roi Khéops vers 2550 av. J.-C.

Tombes des nobles et des dignitaires

Chaussée couverte reliant le temple de la vallée de Khéops au temple mortuaire

Terre cultivée

Sphinx

Nil

Canal relié au Nil

LA NÉCROPOLE DE GIZEH

La momie du pharaon arrivait par bateau sur le Nil. Des pleureurs professionnels portaient le cercueil sur la chaussée menant au temple. Là, des prêtres accomplissaient les rites sacrés avant de placer le roi défunt dans la chambre funéraire préparée sous, ou dans, la pyramide.

Le mystère de leur construction

Les égyptologues estiment qu'il fallut 100 000 hommes et 20 ans pour construire la Grande Pyramide de Gizeh. D'après la théorie la plus répandue, les ouvriers faisaient glisser les blocs de pierre sur des rampes le long de la pyramide. Aucun document n'ayant été retrouvé, nous n'en saurons peut-être jamais rien.

ÉQUARRISSAGE
Maçons équarrissant des blocs de pierre avec des burins et des maillets.

RAMPES OU APPAREILS DE LEVAGE ?
Un voyageur grec écrivit que les ouvriers utilisaient des machines pour soulever les pierres. Mais c'était 2 000 ans après la construction des pyramides. L'utilisation des rampes paraît plus probable.

CONSTRUISAIT-ON LES PYRAMIDES AINSI ?
Cette maquette illustre l'une des théories de construction. Les ouvriers déchargeaient les blocs de pierre des bateaux et les faisaient glisser sur une rampe qui montait.

On prolonge la rampe à mesure que la pyramide monte.

Blocs de pierre entassés

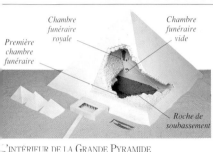

Chambre funéraire royale

Chambre funéraire vide

Première chambre funéraire

Roche de soubassement

L'INTÉRIEUR DE LA GRANDE PYRAMIDE

Il est constitué d'un réseau de passages et de chambres sans issue. Les ouvriers avaient fermé la galerie menant à la chambre royale avec d'énormes blocs de pierre.

PIERRES DE CONSTRUCTION

L'intérieur de la pyramide était construit avec le calcaire local. Le calcaire de qualité exceptionnelle du revêtement extérieur était apporté par bateau de Tourah, situé à l'est du Nil, au sud de Gizeh.

Les ouvriers déplacent les pierres sur des traîneaux.

Dais pour s'abriter du soleil

Échaffaudage en bois

Des ouvriers posent le revêtement en calcaire de Tourah.

Entrée des passages souterrains et de la chambre funéraire

LES TEMPLES

C'était des structures énormes en pierres massives, soutenues par des rangées de colonnes couvertes de hiéroglyphes et d'images religieuses. Le peuple n'avait accès qu'à la cour extérieure. Dans les salles sombres, au cœur du sanctuaire, les prêtres accomplissaient les rituels.

LOUXOR
Ramsès II fit agrandir ce temple et y ajouter deux obélisques et six statues colossales.

SCULPTURE GIGANTESQUE
Dans les temples, seules les statues du pharaon pouvaient être aussi grandes que celles des dieux.

FILS DU DIEU SOLEIL
Le pharaon était considéré comme le fils du dieu Amon. Cette "salle de la naissance" à Louxor contient des bas-reliefs illustrant la naissance divine d'Aménophis III.

Toit surélevé

LES COLOSSES DE MEMNON
Derniers vestiges du temple funéraire d'Aménophis III, le plus grand jamais construit. Sur une stèle, on peut lire qu'il était "entièrement incrusté d'or, ses sols pavés d'argent".

Colonnes papyriformes

Images des dieux

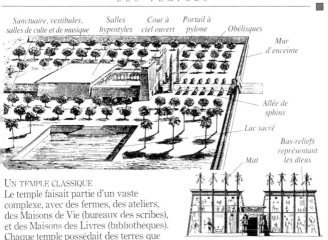

Sanctuaire, vestibules, salles de culte et de musique — Salles hypostyles — Cour à ciel ouvert — Portail à pylone — Obélisques — Mur d'enceinte — Allée de sphinx — Lac sacré — Bas-reliefs représentant les dieux — Mat

UN TEMPLE CLASSIQUE

Le temple faisait partie d'un vaste complexe, avec des fermes, des ateliers, des Maisons de Vie (bureaux des scribes), et des Maisons des Livres (bibliothèques). Chaque temple possédait des terres que l'on cultivait pour nourrir les dieux.

UN PORTAIL À PYLONE

Les fidèles entraient dans le temple par un portail à pylone, souvent flanqué de statues assises et d'obélisques. Au-dessus, en haut des mâts en bois, flottaient des drapeaux.

Salle de 134 colonnes

LA SALLE HYPOSTYLE DE KARNAK

Ce temple possédait des terres dans toute l'Égypte et ses prêtres furent pratiquement les dirigeants du pays à différentes périodes. Ci-contre, une reconstitution de la célèbre salle hypostyle. En Égypte, le temple était l'image de la création du monde, ce qui explique la forêt de colonnes papyriformes censée émerger de l'océan primordial.

L'ARTISANAT

Dans de vastes ateliers, les potiers réalisaient des récipients, les sculpteurs travaillaient le bois pour les sarcophages et les tanneurs préparaient les peaux pour faire du cuir. D'autres travaillaient le métal et le verre pour la fabrication de bijoux et d'objets usuels : amulettes, outils…

Pot décoré et verre

UN POT EN VERRE
Le verre ne fut produit en série qu'à partir de 1400 av. J.-C. On ne soufflait pas le verre, ce qui explique la forme irrégulière des objets.

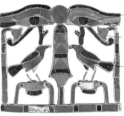

Œil oudjat
(symbole d'intégrité)

Fleur de lotus

Tête d'antilope en ivoire

Oiseaux

UN PECTORAL EN OR
Les plus beaux bijoux étaient réalisés dans les ateliers royaux. Ce pectoral en or est incrusté de pierres précieuses et de verre coloré.

L'IVOIRE
Depuis la période prédynastique, les Égyptiens utilisaient l'ivoire des éléphants et des hippopotames pour réaliser toutes sortes d'objets, qui gardaient souvent la forme cylindrique de la dent ou de la défense. Cet objet de toilette en forme d'antilope date d'environ 1300 av. J.-C.

L'ATELIER DES POTIERS
Sous l'Ancien Empire, le tour existait déjà. Les poteries séchaient quelques jours au soleil, avant d'être poncées et cuites dans des fours.

ÉLABORATION D'UNE COUPE EN TERRE SUR UN TOUR

FAUCON EN OR

Avant le Nouvel Empire,
qui vit l'apparition du soufflet, des
hommes attisaient le feu sur lequel on
faisait fondre les métaux en soufflant dans
des tuyaux. Le métal liquide était versé dans un moule
où on le laissait refroidir, avant de le façonner.

Finesse de la plume

space réservé à la momie

CERCUEIL DE CHAT MOMIFIÉ

Le bois était très rare, aussi les
artisans étaient-ils passés maîtres
dans l'assemblage de minuscules
morceaux (assemblage en queue
d'aronde). Les deux moitiés
de ce sarcophage s'ajustent
parfaitement grâce
à des chevilles
en bois.

Marques d'usure

MAILLET EN BOIS

LES OUTILS

Les menuisiers-charpentiers
utilisent des maillets,
des racloirs en silex, des
haches à lame de bronze,
des burins, des herminettes
et des forets à arc.

Poignée en noix

POINÇONS

Les peaux
d'animaux
étaient traitées avec
de l'alun. À l'aide de
poinçons et de couteaux
on en faisait des sandales,
des cordes et des sacs.

CUISSON DES POTERIES DANS UN FOUR ALIMENTÉ
PAR DES BOUSES SÉCHÉES

L'ART ÉGYPTIEN

Les merveilles de l'art égyptien sont l'œuvre d'un grand nombre de peintres et de sculpteurs anonymes. Leur art était très stylisé. Les personnages, presque toujours représentés dans des poses figées, sont difficiles à identifier parce que les artistes se sont efforcés de leur donner des traits parfaits et idéalisés.

Les artistes utilisaient une mise au carreau pour calculer les "proportions divines".

LA MISE AU CARREAU
Les artistes commençaient par tracer une grille ; ensuite ils dessinaient les personnages et les objets, en calculant les proportions d'après des recueils de modèles.

LES STYLES ÉVOLUENT
Chaque époque avait son propre style artistique. L'art de la période amarnienne est très particulier. Cette statue du roi Akhenaton présente les hanches épaisses et le visage allongé typiques de l'époque.

DANS L'ATELIER D'UN PEINTRE
Les peintres travaillaient sur des panneaux de bois ou directement sur les statues et les murs. Ils étalaient les couleurs en couches fines, sans ombres ni dégradés.

QUELQUES CARACTÉRISTIQUES

Les artistes représentaient leurs modèles sous leur forme la plus reconnaissable. Le corps humain, par exemple, était montré de profil alors que les yeux et les épaules étaient de face.

LES ESQUISSES

Les artistes traçaient des esquisses de leurs œuvres sur des éclats de poterie ou de calcaire, les *ostraca*.

LE SAVIEZ-VOUS ?

• Outils et peinture étaient si précieux que les contremaîtres les enfermaient le soir pour les redistribuer le matin.

• Les fragments d'une statue gigantesque ont été trouvés à Tanis. Le gros orteil avait la taille d'un homme.

LES SARCOPHAGES

Les dieux et les symboles peints sur les sarcophages des momies et les tombeaux devaient aider les morts à échapper aux dangers de l'au-delà.

La sculpture

On trouvait facilement de la pierre en Égypte, aussi la sculpture était-elle la principale forme d'art. Les sculpteurs utilisaient des outils en cuivre et bronze pour les matériaux tendres (calcaire et certains bois). Ils recouvraient parfois ces matériaux d'un mélange à base de plâtre, le gesso, qu'ils peignaient de couleurs vives. Les pierres dures, comme le granit, étaient travaillées avec des outils en pierre. Le métal était coulé et moulé ou martelé.

HAUT-RELIEF
Voici un exemple de haut-relief : les sculptures ressortent et sont détachées du fond.

BAS-RELIEF
Les contours de la sculpture sont d'abord évidés. Puis les détails de chaque sculpture sont travaillés à différentes profondeurs. Ci-dessus : le pharaon Thoutmosis III (vers 1450 av. J.-C.).

LE VISAGE DE LA REINE NÉFERTITI
Des statues inachevées nous renseignent sur la technique des sculpteurs. Celle-ci, dont on voit encore les lignes directrices, fut retrouvée dans les ruines d'un atelier de la ville de Tell el-Amarna.

Lignes directrices

LES DEUX TÊTES DU ROI OUSERKAF

Chaque pierre a sa qualité propre, adaptée à chaque type d'ouvrage. Voici le visage d'un roi sculpté dans deux pierres différentes : la plus grande sculpture est en granit, la plus petite, en schiste.

Granit rose tacheté d'Assouan

MÉTHODE DE LA CIRE PERDUE

Cette statue du roi Thoutmosis IV a été réalisée avec la méthode de la cire perdue. Le personnage a été sculpté en cire d'abeille. Le sculpteur l'a recouvert d'argile chauffée afin de faire fondre la cire. Enfin, il a versé du métal fondu dans le moule d'argile.

Yeux en cuivre

IL SEMBLE VIVANT

Certaines statues ont des yeux incrustés. Ceux-ci sont en calcite avec des iris en obsidienne brune. L'illusion de la vie est telle qu'on a l'impression d'être suivi par ce regard. Il s'agit du visage du scribe assis de la page 63.

UN PHARAON DE GRANIT

Les statues des pharaons, prévues pour durer, étaient en pierre dure. Cette statue du roi Sobekemsaf a 3 500 ans.

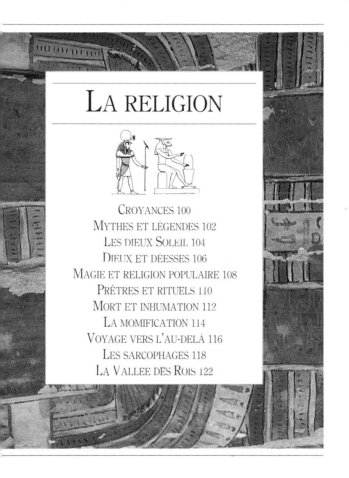

LA RELIGION

CROYANCES

Comme les autres peuples de l'Antiquité, les Égyptiens croyaient que tous les événements étaient sous le contrôle des dieux. Les amulettes et les offrandes qu'ils faisaient aux dieux leur donnaient l'espoir du bonheur. Ils espéraient que les dieux les aideraient à survivre après la mort.

LES DIEUX-ANIMAUX
On croyait que de nombreux dieux étaient incarnés dans certains animaux. Ce sphinx à tête de bélier représente le dieu Amon.

LA PROTECTION DES DIEUX
Ce sarcophage est couvert d'images des dieux et de symboles magiques destinés à aider le défunt dans l'au-delà.

Formule de demande d'offrande pour l'âme du défunt

Tombe

On prépare la momie pour l'inhumation

AU NOM DU PHARAON
Les prêtres veillaient au bien-être des dieux par toute une série de rituels et d'offrandes effectués au nom du pharaon. Ici, des prêtres accomplissent les rites destinés à aider le défunt à atteindre la vie éternelle.

TÊTES MOMIFIÉES
Pour accéder à la vie éternelle,
les Égyptiens souhaitaient
que leurs morts conservent
une apparence de vie.
L'esprit du défunt pouvait ainsi
reconnaître son propre cadavre.

Bâton de transport

Serviteur avec un éventail

CHAISE À PORTEURS
Un riche Égyptien se fit
enterrer avec ce modèle
réduit. Il espérait que ces
trois porteurs prendraient vie
quand sa tombe serait fermée.

LE SAVIEZ-VOUS ?

• Le taureau
sacré
Apis était traité
comme un dieu. On lui
donnait les meilleurs
mets et il était inhumé
comme un pharaon.

• Beaucoup d'Égyptiens
se faisaient enterrer
avec 365 *oushebtis* –
un pour chaque jour.

UNE VUE DU CIEL SUR STÈLE FUNÉRAIRE
On y voit Iy respirer l'odeur des fleurs avec
sa famille. La stèle était destinée à perpétuer sa
mémoire quand il vivrait ces scènes dans l'au-delà.

MYTHES ET LÉGENDES

De nombreuses versions expliquaient la création, presque toutes commençaient par le chaos. Il existait des centaines de légendes et de mythes que les Égyptiens se transmettaient oralement et qui ne furent jamais écrits. Par chance l'histoire d'Osiris, dieu de l'au-delà, et de sa victoire sur la mort fut consignée par un écrivain grec.

ATOUM

AU COMMENCEMENT
L'un des mythes parle d'une époque où le Noun, l'océan éternel, remplissait l'univers. Quand les eaux se retirèrent, une colline apparut. Atoum, le dieu Soleil se tenait au sommet.

Isis nourrit son enfant, Horus, fils d'Osiris.

NAISSANCE DES DIEUX
Les enfants d'Atoum, Shou (l'air) et Tefnout (l'eau) mirent au monde Geb (la terre) et Nout (le ciel). Au début, Geb et Nout étaient unis, puis Shou les sépara. Geb et Nout avaient engendré Osiris, Seth, Isis et Nephthys.

ISIS ET HORUS
Osiris devint roi et prit pour reine sa sœur Isis. Leur frère Seth, fou de jalousie, tua Osiris et découpa son corps. Isis ramassa les morceaux et en fit la première momie. Osiris continua à vivre comme dieu de l'au-delà.

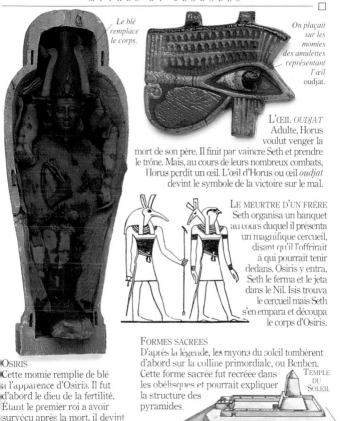

Le blé remplace le corps.

On plaçait sur les momies des amulettes représentant l'œil oudjat.

L'ŒIL *OUDJAT*
Adulte, Horus voulut venger la mort de son père. Il finit par vaincre Seth et prendre le trône. Mais, au cours de leurs nombreux combats, Horus perdit un œil. L'œil d'Horus ou œil *oudjat* devint le symbole de la victoire sur le mal.

LE MEURTRE D'UN FRÈRE
Seth organisa un banquet au cours duquel il présenta un magnifique cercueil, disant qu'il l'offrirait à qui pourrait tenir dedans. Osiris y entra, Seth le ferma et le jeta dans le Nil. Isis trouva le cercueil mais Seth s'en empara et découpa le corps d'Osiris.

FORMES SACRÉES
D'après la légende, les rayons du soleil tombèrent d'abord sur la colline primordiale, ou Benben. Cette forme sacrée fut recréée dans les obélisques et pourrait expliquer la structure des pyramides.

TEMPLE DU SOLEIL.

OSIRIS
Cette momie remplie de blé a l'apparence d'Osiris. Il fut d'abord le dieu de la fertilité. Étant le premier roi a avoir survécu après la mort, il devint le dieu de la résurrection.

LES DIEUX SOLEIL

Le Soleil, source de chaleur et de lumière, fut toujours vénéré sous différents aspects : dieu, animal ou objet. Le Soleil levant était représenté par un scarabée ; à midi, c'était Rê, le disque rouge ; le soir, il prenait la forme d'un bélier. Des textes satiriques dépeignent le soleil couchant comme un vieil homme bavant et décrépit.

AMON-RÊ

À l'époque du Nouvel Empire, le pouvoir s'installa à Thèbes. Les prêtres thébains associèrent leur dieu local, Amon – dieu créateur – au puissant dieu Soleil, Rê. Dans tout le pays, les Égyptiens vénérèrent Amon-Rê comme le dieu prédominant.

Akhenaton et sa famille vénérant Aton

AKHENATON, LE ROI SOLEIL

Pour briser le pouvoir du clergé thébain, Aménophis IV supprima tous les dieux, sauf Aton, la plus pure forme du Soleil. On le représentait comme un disque dont les rayons touchaient les choses avec des mains humaines. Le roi prit le nom d'Akhenaton et fonda une nouvelle capitale, Tell el-Amarna.

SCARABÉE AILÉ
Le scarabée est un coléoptère qui roule des boulettes d'excréments dans lesquelles il pond ses œufs. Les Égyptiens croyaient qu'un scarabée géant avait engendré le Soleil de la même manière, puis l'avait roulé au-dessus de l'horizon et dans le ciel.

Le dieu-scarabée tient le Soleil dans ses pattes.

Prières au dieu Soleil

VOYAGE NOCTURNE
Les Égyptiens croyaient que le Soleil traversait l'au-delà sur un bateau à voiles qui partait de l'ouest pour arriver à l'est. Ici, Noun mène la barque à bon port dans les eaux du chaos.

IMHOTEP
Le culte du Soleil a commencé à Héliopolis. Là, Imhotep, vizir et architecte du roi Djéser, conçut la 1ère pyramide, probablement avec des degrés pour que le pharaon puisse rejoindre le dieu Soleil.

FRAPPÉE PAR LE SOLEIL
Dans le temple d'Héliopolis, "la ville du Soleil", les prêtres conservaient le Benben, pierre triangulaire supposée être le premier objet touché par les rayons du Soleil lors de la création du monde. Ce dessus de tombeau a la même forme.

RÊ-HORAKHTY
Les dieux solaires sont toujours représentés avec le disque du Soleil sur la tête. Ici, à droite, Rê-Horakhty, le dieu solaire à tête de faucon – autre version du dieu du ciel, Horus.

DIEUX ET DÉESSES

L'Égypte comptait un grand nombre de dieux (740 selon un texte ancien). Mais chaque région n'en vénérait qu'un petit nombre à la fois. Toutes les forces de la nature étaient représentées par des divinités. Les temples, dédiés aux dieux principaux ou à des divinités locales, étaient sous le contrôle de prêtres de l'élite du clergé. Le peuple n'y était pas admis.

Ptah est représenté la tête rasée, coiffé d'un bonnet étroit.

Fléau

LE DIEU PTAH
Il était vénéré à Memphis, capitale de l'Égypte à l'époque de l'Ancien Empire. Pendant le Nouvel Empire, Ptah fut considéré comme un dieu majeur. Il est représenté en homme emmailloté comme une momie. C'est un dieu créateur ; il est aussi le dieu des artisans.

OUPOUAOUT, LE DIEU CHACAL
Oupouaout, dieu de Lycopolis (actuelle Assiout), était associé à la guerre et à la vie dans l'au-delà. Sur cette stèle, le défunt se prosterne devant Oupouaout dans l'espoir d'accéder à la vie éternelle.

MIN
Ce dieu de la fertilité est coiffé d'un bonnet surmonté de deux plumes. Il tient un fléau (outil agricole). L'un de ses symboles était la laitue, considérée comme l'aliment de la fertilité.

MAÂT

Cette déesse symbolise les lois de l'univers : Justice, Vérité et Ordre. Son nom signifiait "juste". Sa tête était ornée de la Plume de la Vérité. Maât est souvent représentée comme une poupée, offerte au dieu Rê par le pharaon.

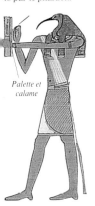

Palette et calame

HATHOR

Certains dieux jouaient des rôles différents selon la région. Hathor, déesse de l'amour, de la musique et de la danse, prenait la forme d'une femme ou d'une vache. Dans le delta, elle était associée au ciel et tenait le Soleil entre ses cornes. À Thèbes, elle était la déesse de la nécropole.

KHNOUM

Ce dieu créateur à tête de bélier est parfois représenté en train de modeler les humains sur un tour de potier. À Assouan, Khnoum était le gardien du Nil et vénéré comme "celui qui a apporté la crue".

THOT

Thot, le dieu de l'écriture et de la sagesse, avait une tête d'ibis – oiseau que les Égyptiens considéraient comme sage. Ici, il est représenté en train d'écrire, avec le calame et la palette.

BASTET

L'adoration de la déesse chatte Bastet commença à Bubastis, dans le delta. Plus tard, sa popularité gagna tout le pays et sa fête annuelle devint nationale.

MAGIE ET RELIGION POPULAIRE

Les dieux principaux jouaient un rôle minime dans la vie quotidienne. Si un Égyptien avait un enfant malade ou un fils à la guerre, il demandait la protection de dieux plus familiers. On portait des amulettes et on récitait des prières pour se protéger.

Taouret avait la forme d'un hippopotame gravide.

UN AUTEL
Les Égyptiens voulaient plaire à leurs dieux en leur offrant de la nourriture et des boissons. Ils déposaient leurs offrandes dans les temples, les chapelles près des tombes ou les autels dressés dans la maison.

BÈS
Nain vêtu d'une peau de lion, ce dieu était populaire. Il portait un couteau et un instrument de musique dont les sons éloignaient les mauvais esprits.

TAOURET (OU THOUÉRIS)
L'accouchement était dangereux pour la mère et pour l'enfant. Les Égyptiens priaient Taouret, déesse de l'accouchement.

En forme de bouton de lotus

BAGUETTE MAGIQUE
Cette défense d'hippopotame est couverte de symboles. On s'en servait peut-être pour tracer un cercle magique autour d'une partie de la maison où se trouvait un malade ou un enfant à protéger.

STÈLE MAGIQUE
On y demande à Horus-l'enfant de protéger la famille contre les dangers quotidiens. Le dieu piétine deux crocodiles et retient des serpents, des lions et des scorpions. Au-dessus, Bès tire la langue aux esprits du mal. Des incantations magiques sont inscrites sur les bords de la stèle.

INSTRUMENTS DE MÉDECINE
Les Égyptiens recouraient à la magie mais étaient aussi de bons médecins. Cette pierre montre une série d'instruments, dont un forceps. Un papyrus contient la liste de 700 prescriptions pour divers maux, classées en fonction de l'organe atteint.

Thot sous forme d'un babouin

Amulette cassée

Créature mythologique

COLLIER PORTE-BONHEUR
Les Égyptiens mettaient des amulettes sur leurs bijoux ou dans les bandelettes des momies. Sur ce collier, la déesse Taouret, les dieux Horus et Thot, ainsi qu'un lion, sont chargés de défendre le porteur du bijou contre le mal.

La grenouille représentait la déesse Héqat, protectrice des accouchements.

Horus à tête de faucon

Taouret

Lion protecteur

PRÊTRES ET RITUELS

Les prêtres étaient considérés comme les "serviteurs des dieux". Leur tâche n'était pas de prêcher devant les fidèles mais de veiller au bien-être et au bonheur des dieux. Ils accomplissaient le rituel au sein du sanctuaire sacré du temple, réservé au clergé et au pharaon.

Godet dans lequel on brûlait l'encens

Ce vase contenait l'eau du lac sacré.

SITU (VAS SACR

Mèche de l'enfance

Table d'offrande

LA PURETÉ
Pour montrer que leur corps était pur, les prêtres devaient être rasés et procéder à des ablutions plusieurs fois par jour. Ce prêtre brûle de l'encens et répand de l'eau du lac sacré. Au sein du sanctuaire, le prêtre psalmodiait "je suis un Pur" en s'approchant de la statue en or du dieu.

ENFANT DU DIEU
Il y avait plusieurs classes de prêtres. Celui-ci porte la mèche de l'enfance, non en raison de son âge mais pour montrer qu'il agit en tant que fils aimant du dieu.

UN ENCENSOIR

Les prêtres utilisaient l'encens, dont le parfum est agréable, pour purifier le temple et plaire aux dieux. La poignée de cet encensoir représente le dieu Horus.

Coupelle contenant l'encens

Accessoire sacré

Tête de faucon

Robe de léopard

ACCESSOIRE DU RITUEL

Ici, le roi Ay tient un accessoire sacré pour accomplir la cérémonie d'ouverture de la bouche sur la momie de Toutankhamon. Il porte la robe en peau de léopard des prêtres.

Œil Horus

51067

Prêtresse adorant la déesse Mout

Patte de bœuf

UN MIROIR

Au cœur du temple se trouvait une statue en or de la divinité. Les prêtres la lavaient, l'habillaient et lui offraient de la nourriture. Le soir, la statue était replacée dans le *naos* que l'on scellait jusqu'au lendemain. Le miroir devait servir au dieu.

Tête du dieu-lune, Khonsou

Manche en ivoire

OFFRANDE DE NOURRITURE

Cette tablette à offrande présente des images de nourriture. Les produits que les prêtres offraient au dieu provenaient des domaines du temple. C'est en réalité eux qui mangeaient cette nourriture.

MORT ET INHUMATION

Les Égyptiens voulaient vivre éternellement
C'est pourquoi ils croyaient que le corps
des morts devait être conservé
ou "momifié". La momie était enterrée
selon des rites complexes et un livre
d'incantations magiques destinés
à faciliter son voyage dans l'au-delà.

Morceaux de feuille d'or

Le Ba   Momie

FILLE MOMIFIÉE
Le corps de cette fillette de 8 ans, morte il y a 2 000 ans, fut imprégné d'onguents et de résines, pour empêcher la décomposition, puis couvert de feuilles d'or. Les Égyptiens croyaient en effet que la peau de Rê, le dieu Soleil, était en or.

L'ESPRIT DE LA MOMIE
Les Égyptiens croyaient que l'esprit pouvait prendre plusieurs formes, dont le Ba. Il était représenté par un oiseau à tête humaine et quittait le corps après la mort. À son retour, la personne pouvait accéder à la vie éternelle.

SE SENTIR CHEZ SOI

On plaçait une statue du défunt dans la chapelle du tombeau pour que les dieux sachent qui y était enterré. Les proches déposaient des offrandes devant la statue.

Mari et femme

UN PARADIS MODESTE

Le paradis qu'imaginaient les Égyptiens était le royaume champêtre dont Osiris était le souverain. Ils l'appelaient le Champ des Roseaux – endroit où le soleil brille et où les gens cultivent et moissonnent. En fait cela ressemblait fort à l'Égypte.

Tête de chacal

On représentait les morts dans l'encadrement de la porte

Corps d'homme

ANUBIS

Ce dieu à tête de chacal était le dieu de la mort et de l'embaumement. Il était le gardien des momies et des nécropoles (lieux de sépulture). Un prêtre portant le masque d'Anubis surveillait le rituel qui accompagnait l'embaumement des cadavres (conservation).

UNE FAUSSE PORTE

Il y avait des fausses portes dans les murs des tombes – passage entre le monde des vivants et celui des morts. On pensait que les esprits des morts franchissaient ces portes.

PROCESSION FUNÈBRE

Les pleureuses gémissaient et se couvraient le visage de poussière pendant que les prêtres portaient la momie. Avant de refermer le tombeau, les prêtres accomplissaient une série de rites.

LA MOMIFICATION

On embaumait les corps pour
les protéger de la putréfaction :
les viscères étaient retirés, le cadavre
lavé et séché avec des sels naturels.
Enfin, on l'enduisait d'onguents
et de résines et on l'enveloppait de
bandelettes de lin. L'opération durait
en tout 70 jours.

L'ŒIL PROTECTEUR
Les incisions pratiquées
sur le cadavre étaient
recouvertes de
plaquettes comme celle-
ci. L'œil sacré d'Horus
devait protéger le corps.

COUTEAUX RITUELS
Les embaumeurs incisaient l'abdomen
pour enlever les viscères. Ils retiraient
le cerveau en passant un crochet
par les narines.

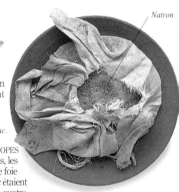

Natron

Douamoutef protégeait l'estomac.

VASES CANOPES
Les intestins, les
poumons, le foie
et l'estomac étaient
placés dans quatre
vases canopes.
Les couvercles
figuraient des génies
qui protégeaient
les organes contre
les forces du mal.

LA CONSERVATION
Pour empêcher la décomposition,
il fallait enlever l'humidité du corps.
On utilisait des cristaux de natron,
sel naturel que l'on trouvait en
abondance dans les lacs des déserts.

LES CHEVEUX INTACTS

Ce crâne de femme a 3 500 ans.
L'embaumeur a gardé tous
les cheveux pour les placer dans
la tombe car une mèche égarée
aurait pu être utilisée
pour jeter un sort contre
la défunte.

*Les dents renseignent
sur l'âge et le régime
alimentaire.*

*Cheveux
tressés*

*Bandelettes
en lin*

JEUNE GARÇON MOMIFIÉ

...taines momies étaient enroulées
...ns 20 épaisseurs de bandelettes.
Chacune était préalablement
...uite d'onguents et de résines.

ENVELOPPÉ

Avant d'emmailloter le corps,
les embaumeurs rembourraient
les cavités de linges et de sciure
pour redonner forme au cadavre
et posaient des yeux artificiels.

L'OUVERTURE DE LA BOUCHE

Le rite le plus important
de la momification était celui
de l'ouverture de la bouche,
accompli à l'entrée de la tombe.
Ce rite était censé rendre
au défunt l'usage de ses sens.

LES ÉTIQUETTES

Les embaumeurs
veillaient à ce qu'il
n'y ait pas de
mélange d'organes
ou de problèmes
d'identification
grâce à des
étiquettes en bois.

VOYAGE VERS L'AU-DELÀ

Pour atteindre la vie éternelle,
il fallait que le défunt voyage
jusqu'à l'autre monde (Douat),
où des monstres et des lacs
de feu l'attendaient.
Pour les combattre, la momie
disposait de formules magiques,
écrites dans le *Livre des Morts*,
d'une carte de la Douat
et de nombreuses prières.

OUSHEBTIS
On plaçait ces statuettes dans
les tombes. Sur chacune est inscrit
le 6e chapitre du *Livre des Morts*.

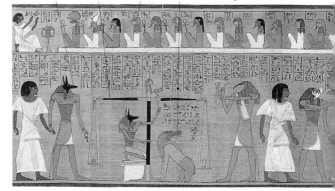

*Anubis amène le défunt
pour le jugement.* *Balance* *Jury composé
de dieux* *Le monstre
Ammit*

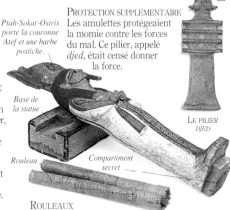

Ptah-Sokar-Osiris porte la couronne Atef et une barbe postiche.

PROTECTION SUPPLÉMENTAIRE

Les amulettes protégeaient la momie contre les forces du mal. Ce pilier, appelé *djed*, était censé donner la force.

Base de la statue

LE PILIER *DJED*

Rouleau

Compartiment secret

CONVERSATION ÉTERNELLE

Cette statuette trouvée dans une tombe montre un couple en train de bavarder, ce qui prouve que les Égyptiens pensaient la vie éternelle comme la vie terrestre. Ils emplissaient les tombeaux d'objets dont les morts pourraient avoir besoin dans l'autre monde.

Osiris, dieu des morts, préside la cérémonie.

Lu déesse Nephthys avec sa sœur Isis.

ROULEAUX DE PAPYRUS

On y copiait le *Livre des Morts*. Cette statue du dieu Ptah-Sokar-Osiris possède un compartiment caché dans lequel se trouvaient les rouleaux.

LA PESÉE DU CŒUR

L'épreuve finale avait lieu dans la Salle des Deux Vérités. Là, Anubis pesait le cœur du mort pour connaître le poids de ses péchés. S'il était plus léger que la Plume de Vérité, le défunt avait gagné sa vie éternelle. Dans le cas contraire, le cœur était jeté au monstre Ammit, la Grande Dévoreuse.

PROTECTEUR DU CŒUR

On posait le pectoral sur la poitrine de la momie pour protéger son cœur. Dessus, on pouvait lire ce type d'inscriptions : "Vois ce cœur qui est le mien, il pleure et implore ta miséricorde."

LES SARCOPHAGES

Après la momification, le corps était placé dans un cercueil, le sarcophage. Comme la tombe, le sarcophage était la "maison" de l'esprit du défunt. Le sarcophage a évolué au cours de l'histoire égyptienne, mais dès le début, les Égyptiens l'ont couvert de symboles magiques et de prières aux dieux.

SARCOPHAGE EN BOIS
Les sarcophages ont longtemps été en bois. Au IXe siècle av. J.-C., le 2e cercueil à l'intérieur du sarcophage fut remplacé par un cartonnage (couches de papyrus ou de linges comprimés comme du papier mâché).

La momie était enfermée alors que le cartonnage était encore humide.

UN LAÇAGE SERRÉ
De nombreuses momies étaient enfermées dans 2 ou 3 sarcophages qui s'emboîtaient. Le premier (à l'intérieur) était très serré et lacé dans le dos.

Enveloppe de roseaux attachée par une ficelle

UNE MOMIE MASQUÉE
Un masque peint recouvre la tête et les épaules de cette momie de femme. Des amulettes la protègent des forces du mal.

CERCUEIL DE BÉBÉ
Les premiers cercueils, à partir de 3000 av. J.-C., étaient de simples "couffins" de roseaux. Celui-ci date de 1400 av. J.-C. La déformation des os indique que l'enfant est mort d'une maladie grave.

ÊTRE BEAU
Le sarcophage offrait souvent une image idéalisée du défunt. Sur celui-ci était peint un visage jeune. Or l'analyse de la momie révéla que le mort avait environ 50 ans.

VISAGES EN SÉRIE
Parfois, les visages étaient fabriqués séparément et fixés au sarcophage avec des chevilles. Le style était différent selon la région, ce qui permet aux experts de localiser une momie.

BIEN À L'ABRI
Les prêtres embaumeurs attachent la momie dans le sarcophage en bois qui sera scellé avec des chevilles solides.

UNE BOÎTE EN BOIS
Le pharaon et certains hauts dignitaires avaient droit à un sarcophage en pierre. Il s'agissait d'une structure très lourde et quasi impossible à déplacer. Celui du prêtre Hor est cependant construit en bois.

Dieux peints

Formules magiques en hiéroglyphes

Les momies d'animaux

Coléoptères, oiseaux, chats ou crocodiles : les Égyptiens momifiaient un nombre incroyable d'animaux. Certains étaient des animaux de compagnie, mais la plupart étaient momifiés en raison de leur association avec les dieux. Plus tard les temples élevèrent des millions d'animaux seulement pour les momifier et les enterrer dans des nécropoles spéciales dédiées aux dieux. Quatre millions d'ibis momifiés furent un jour découverts dans une nécropole.

Face peinte

Emmaillotement géométrique, caractéristique de l'époque romaine

UNE MOMIE DE CHAT
Les Égyptiens furent les premiers à avoir des chats de compagnie, comme le prouvent des textes datant de 2100 av. J.-C. Il s'agissait sans doute de chats sauvages africains qu'ils domestiquaient. Les chats étaient associés à la déesse Bastet.

Faucon, symbole du dieu Horus

Anubis, dieu embaumeur

L'IBIS
Il vit encore dans les marécages qui bordent le Nil. Il était associé à Thot, dieu de l'écriture et de la sagesse et patron des scribes. Les biologistes se sont servis des momies et des peintures d'ibis de l'époque pour démontrer que l'espèce n'a pas évolué en 5 000 ans.

QUATRE FAUCONS
Le faucon était le dieu des cieux et prêtait ses traits au dieu céleste, Horus. Ce sarcophage décoré de scènes funéraires, contient 4 faucons momifiés.

UN CROCODILE SANS BANDELETTES
Les crocodiles étaient associés au dieu Sobek. Les prêtres en élevaient certains dans le luxe, leur donnant les viandes et les vins les plus fins.

Les oreilles sont collées contre le crâne.

Fourrure

UN POISSON CONSERVÉ
On a retrouvé des momies de rats, vautours, chouettes, oies, babouins, serpents, béliers, scarabées, musaraignes, lézards et même de taureaux énormes.

SOUS LES BANDELETTES
On a retiré les bandelettes de ce chat dont les pattes ont été repliées pour que rien ne dépasse. Les prêtres élevaient les chats pour les tuer, les momifier et les vendre à des pèlerins.

Le sarcophage s'ouvre dans le dos.

Queue relevée et placée entre les pattes

SARCOPHAGES DE CHAT
Ces sarcophages viennent de Bubastis, dont le temple était dédié à la déesse Bastet. La fête annuelle de Bastet devint plus tard un événement important. On y célébrait la déesse et la chasse au lion était interdite.

LA VALLÉE DES ROIS

Sous le Nouvel Empire, Thèbes devint la capitale de l'Égypte et les pharaons furent désormais enterrés dans la désertique Vallée des Rois. Les tombes étaient cachées, creusées au cœur de la montagne. Des escaliers escarpés et des couloirs étroits menaient à la chambre funéraire, où reposait la momie du pharaon, entourée de trésors fabuleux.

VUE DE LA VALLÉE
La Vallée des Rois recevait les sépultures des pharaons et les reines étaient inhumées dans une autre vallée, la Vallée des Reines, dénommée "la Place de la Beauté". Cette vue du Nil permet d'apercevoir le temple d'Hatshepsout.

UN CONTREMAÎTRE
Quelques-uns des ouvriers qui creusaient la tombe du roi eurent droit, comme le contremaître Sennedjem, à des tombes richement peintes.

Les points rouges représentent les étoiles brillantes.

Les Égyptiens savaient l'heure grâce à la position des constellations.

UN CIEL ÉTOILÉ
Les Égyptiens ornaient les murs des tombeaux de peintures et de sculptures. Cette vue du ciel boréal provient de la tombe de Séti Ier. Les animaux représentent les constellations, dont les noms sont inscrits en hiéroglyphes.

LE TOMBEAU DE RAMSÈS IX
Ce pharaon décida de juger certains pilleurs de tombes. L'un d'eux avoua : "Nous avons pris l'or, les bijoux et les métaux précieux qui étaient dans les cercueils, [...]. Pour finir, nous avons mis le feu aux cercueils."

AUJOURD'HUI
Il fut un temps où la Vallée était gardée. Malgré cela, vers l'an 1000 av. J.-C., presque toutes les tombes avaient été pillées. Elles sont aujourd'hui menacées par les nappes d'eau souterraines, la pollution et les touristes.

HOMME AU TRAVAIL
Ce dessin représente un maçon chauve et mal rasé qui travaille avec son burin et son maillet.

Les Égyptiens appelaient cette constellation Mesekhitiou.

Le crocodile chevauche le lion.

Disque solaire

La tombe de Toutankhamon

En 1922, l'égyptologue anglais Howard Carter découvrit dans la Vallée des Rois la tombe d'un obscur pharaon enterré là 3 200 ans plus tôt. Les trésors qui entouraient Toutankhamon émerveillèrent le monde entier.

Crochet et fouet, symboles du pouvoir du pharaon

Dieux-babouins accroupis

LE CERCUEIL INTÉRIEUR

Le pharaon fut inhumé dans trois sarcophages emboîtés. Les deux cercueils extérieurs était recouverts de feuilles d'or ; le troisième était en or pur incrusté de pierres précieuses et atteignait le poids incroyable de 110 kg.

CHAMBRE FUNÉRAIRE

Le cercueil extérieur a été replacé dans le sarcophage de pierre de la chambre funéraire. Sur les parois, des peintures représentent des dieux et des scènes de l'au-delà.

DÉTAIL D'UNE CHAPELLE

Quatre chapelles en bois, construites les unes à l'intérieur des autres, contenaient la cuve où était placé le sarcophage

UN MASQUE DE MOMIE
L'une des merveilles découvertes dans la tombe est le masque qui recouvrait la tête du pharaon. Il porte un collier à tête de faucon, une barbe postiche et le *némès* rayé. Ce masque en or incrusté de pierres précieuses pèse 10,2 kg.

UN TRAVAILLEUR INFATIGABLE
Carter nota toutes les étapes de son travail. Il lui fallut dix ans pour extraire les objets de la tombe. À sa mort, en 1939, il avait écrit trois volumes de notes.

LA MOMIE
La momie du roi se trouvait dans le cercueil intérieur. Dans des petits cercueils séparés, on en trouva deux petites ; sans doute celles de ses filles jumelles mort-nées.

LE TRÔNE DORÉ
Il est en bois sculpté et décoré. Sur le dossier sont représentés le roi et la reine.

ENTASSEMENT
Les quatre salles de la tombe étaient remplies de trésors jusqu'au plafond. Tout avait été préparé à la hâte, probablement parce que le roi était mort subitement. L'entrée fut obstruée accidentellement, ce qui explique que la tombe soit rester cachée pendant plus de 3 000 ans.

LA FIN
D'UNE ÉPOQUE

LES PHARAONS ÉTRANGERS

Les fastes du Nouvel Empire se terminèrent avec la mort de Ramsès XI en 1069 av. J.-C. L'Empire n'existait plus et l'Égypte fut à nouveau déchirée par la guerre et le chaos. Pendant les siècles qui suivirent, le pays fut plusieurs fois envahi par ses voisins. L'Égypte conserva sa culture, mais la vie au bord du Nil ne fut plus aussi sereine.

PUISSANCE DU CLERGÉ
Les prêtres du temple d'Amon à Karnak devinrent si puissants qu'ils commencèrent à défier l'autorité du pharaon, ce qui contribua à la chute du Nouvel Empire.

TEMPLE D'AMON À KARNAK

UN ENNEMI CAPTIF
Les ennemis jurés de l'Égypte venaient de ce qui est aujourd'hui le Moyen-Orient : Babyloniens, Hyksos Hittites et Perses, qui gouvernèrent l'Égypte deux fois (525-404 et 343-332 av. J.-C.).

MOMIE LIBYENNE
Il s'agit de la momie d'un Libyen nommé Pasenhor. De nombreux Libyens s'installèrent dans le delta et leurs chefs gouvernèrent l'Égypte de 945 à 715 av. J.-C. Les pharaons libyens utilisaient l'écriture égyptienne et vénéraient les dieux égyptiens.

UNE DÉESSE POPULAIRE
Les rois libyens déplacèrent leur capitale du nord de Tanis à Bubastis, ville de la déesse chatte Bastet. Celle-ci devint l'une des divinités égyptiennes les plus populaires.

DE PUISSANTS VOISINS
Pendant des siècles, l'Égypte fut la seule grande puissance. Mais ses voisins sortirent peu à peu de leurs frontières. Alors que les rois libyens et nubiens vivaient à l'égyptienne, l'Assyrie et la Perse gouvernèrent l'Égypte comme une colonie.

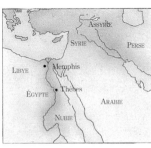

UN ROI NUBIEN
Taharqa est l'un des rois nubiens qui gouvernèrent l'Égypte de 747 à 656 av. J.-C. Leur Empire était plus vaste que l'Égypte à l'apogée de sa gloire.

Dieux égyptiens

LE SAVIEZ-VOUS ?
• Ce sont les Perses qui introduisirent le chameau en Égypte.

• D'après la légende, Alexandre le Grand fut embaumé et placé dans un cercueil de verre, flottant sur du miel. Ce ne fut cependant jamais prouvé.

LES GRECS

Alexandre le Grand conquit l'Égypte en 332 av. J.-C.
Il bâtit sur la côte une nouvelle capitale, Alexandrie.
À sa mort, son général, Ptolémée, fonda la dynastie qui
allait régner sur l'Égypte pendant 300 ans. Les nouveaux
souverains parlaient grec et obéissaient aux lois grecques,
mais laissèrent
la culture locale
se développer.

TEMPLE D'ISIS À PHILAE
Les Grecs édifièrent de nombreux
temples en Égypte qu'ils dédièrent
aux dieux égyptiens. Sur les murs,
les Ptolémée étaient représentés
en pharaons. Il y eut pourtant
de fréquentes révoltes contre
ces souverains grecs.

ALEXANDRE LE GRAND (356-323 av. J.-C.)
Ce grand chef guerrier était né en
Macédoine, l'un des états de l'Empire
grec. Roi à 20 ans, il entreprit la conquête
de l'Empire perse, notamment l'Égypte,
la Syrie et la Mésopotamie. Son vaste
Empire se disloqua lorsqu'il mourut
en 323, frappé par la malaria.

QUATRE ÉCRITURES

Sous les Ptolémée, le grec devint la langue officielle. On n'utilisait plus les hiéroglyphes que pour les inscriptions religieuses.

Les prêtres écrivaient en démotique, et de nombreux documents étaient toujours en hiératique. Ce détail de la Pierre de Rosette montre le même texte en grec et en démotique.

MASQUE DE MOMIE GRECQUE

Les envahisseurs adoptèrent un grand nombre de traditions locales. Un art nouveau apparut, mélange d'art grec et d'art égyptien. Sur ce masque de momie, le style des traits du visage est grec alors que la coiffe est celle d'un riche égyptien.

Fleur de lotus

Sculpture de style grec d'un motif égyptien

Corps de lion

CLÉOPÂTRE,
TEMPLE
D'HATHOR,
DENDARA

ALEXANDRIE

La ville devint un important centre culturel, célèbre pour son phare et sa bibliothèque. Celle-ci, la plus grande de l'Orient hellénistique, fut détruite par un incendie. Ce sphinx en faisait partie.

CLÉOPÂTRE VII (69-30 av. J.-C.)

Elle fut la dernière souveraine ptolémaïque. Elle essaya de sauver l'Égypte du joug des Romains, utilisant son charme légendaire pour séduire Jules César, puis Marc Antoine. Lorsque le général romain Octave envahit l'Égypte en 30 av. J.-C., elle se donna la mort.

LES ROMAINS

Après la conquête d'Octave, en 30 av. J.-C., l'Égypte passa sous domination romaine. La capitale était Alexandrie mais les empereurs gouvernaient depuis Rome. Il en résulta de nombreux soulèvements. En 642 ap. J.-C., l'Égypte fut envahie par les Arabes.

AUGUSTE (63 av. J.-C.-14 ap. J.-C.)

Après avoir conquis l'Égypte, Octave devint l'empereur Auguste. Il fit de l'Égypte le grenier de Rome, obligeant le pays à exporter d'importantes quantités de blé pour nourrir le reste de l'Empire romain.

Vraies bagues

UN SARCOPHAGE

La momification se poursuivit sous les Romains. Certaines momies montrent le défunt dans ses plus beaux atours. Cette romaine porte une toge colorée, des sandales et une perruque. Ses doigts sont ornés de vraies bagues en or.

PORTRAIT

Les Romains couvraient le visage du mort d'un portrait peint sur un panneau de bois et maintenu par des bandelettes. Ce portrait était sans doute suspendu dans la maison du modèle jusqu'à sa mort.

DE L'OR

Des feuilles d'or recouvraient les yeux, la langue et d'autres parties des momies romaines pour que les fonctions vitales du défunt lui soient rendues dans l'autre monde.

Bouquet de fleurs

Langue en or pour permettre à la momie de parler

UN MASQUE DE MOMIE

À la demande des Romains, des fabriques produisaient des masques de momie, réalisés à partir d'un modèle. La bougie et le bouquet, symboles de résurrection, sont caractéristiques de l'époque.

HADRIEN (76-138 ap. J.-C.)

Fasciné par l'Égypte, Hadrien se passionna pour la culture de ce pays. Il en rapporta ces statues dont il orna sa villa près de Rome. C'est lui qui fonda la nouvelle ville d'Antinoé, au bord du Nil, à l'endroit même où son favori s'était noyé.

Cette partie de la villa fut inspirée de la ville égyptienne de Canope.

Canards

Crocodile

Oiseau chanteur perché sur une plante aquatique

Ibis

DANS LES EAUX DU NIL

Alexandrie était un important centre artistique. Les artistes réalisaient des fresques et des mosaïques qui étaient exportées dans tout l'Empire romain. Cette mosaïque provient d'une villa de Pompéi, en Italie.

EN SAVOIR PLUS

CARTES

La plupart des monuments
sont accessibles à partir du
Caire, au nord et de Louxor,
au sud. Les temples sont
souvent sur la rive est
du Nil, les tombes, sur
la rive ouest. Les pyramides
des pharaons de l'Ancien
Empire se trouvent au
sud du Caire et les tombes
du Nouvel Empire, creusées
à même la montagne, sont
situées en face de Louxor,
de l'autre côté du fleuve.

Rosette
Damiette
Alexandrie
Bouto
Saïs
Tanis
Busiris
Qantir
Bubastis
Merimdé
Athribis
GIZEH
Héliopolis
Abousir
Le Caire
Maadi
Saqqarah
Héliouan
MEMPHIS
Dashour
Licht
Médinet el-Fayoum
Tarkhan
Hawâra
Meidoum
Ahnas
El-Lahun
(Hérakléopolis)
El-Hibê
Bahnasa
(Oxyrhynkhos)
Beni Hassan
Antinoopolis
Achmounein
El-Bersheh
(Hermopolis)
Meir
Tell el-Amarna
Mostagedda
Assiout
Badari
Qaou
Akhmim
Abydos
Dendéra
El-Amra
Qén
Nag Hammadi
Hou
(Co
Naqada
Ermant
Louxo
Gebelein
(Thê
Esna
Hiérakonpolis
El-
Edfou
Gébel Silsileh
Kom Ombo
Assouan
Eléphantine
Philae

N

0   100 km

LES PYRAMIDES
DE GIZEH
Devenues
faubourg du Caire,
elles font partie
d'un complexe qui
comprend le Sphinx, sept
"pyramides de reines", les ruines
de plusieurs temples et de nombreuses
tombes de nobles. Deux pyramides plus
anciennes se trouvent à Zâouiyet el-Aryan.

Grande Pyramide
(Khéops)
Cimetière ouest
Cimetière est
Chéphren
Khafra
Sphinx
Mykérinos

PYRAMIDES
DE ZÂOUIYET
EL-ARYAN

Khaba

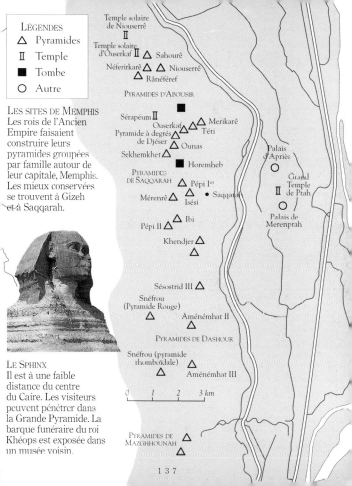

Temple solaire
de Niouserrê
II

Temple solaire
d'Ouserkaf △ △ Sahourê

Néferirkarê △ △ Niouserrê
△ Rânéféref

PYRAMIDES D'ABOUSIR

Sérapéum II ■

Ouserkaf △ △ Merikarê
Pyramide à degrés △ Téti
de Djéser
Sekhemkher △ △ Ounas

■ Horemheb

PYRAMIDES
DE SAQQARAH △ Pépi Ier

Mérenrê △ • Saqqarah
△ Isési

Pépi II △ △ Ibi

Khendjer △

Sésostrid III △

Snéfrou
(Pyramide Rouge)
△

△ Aménémhat II

PYRAMIDES DE DASHOUR

Snéfrou (pyramide
rhomboïdale)
△

△ Aménémhat III

Palais
d'Apriès
○

Grand
Temple
II de Ptah
○

Palais de
Merenptah
○

LÉGENDES

△ Pyramides
II Temple
■ Tombe
○ Autre

LES SITES DE MEMPHIS
Les rois de l'Ancien
Empire faisaient
construire leurs
pyramides groupées
par famille autour de
leur capitale, Memphis.
Les mieux conservées
se trouvent à Gizeh
et à Saqqarah.

LE SPHINX
Il est à une faible
distance du centre
du Caire. Les visiteurs
peuvent pénétrer dans
la Grande Pyramide. La
barque funéraire du roi
Khéops est exposée dans
un musée voisin.

0   1   2   3 km

PYRAMIDES DE △
MAZGHHOUNAH △

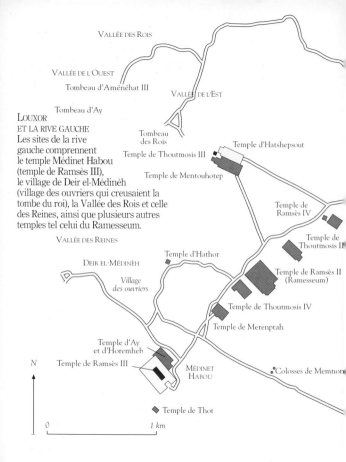

VALLÉE DES ROIS

VALLÉE DE L'OUEST
Tombeau d'Aménéhat III

VALLÉE DE L'EST

Tombeau d'Ay

Tombeau des Rois

LOUXOR
ET LA RIVE GAUCHE
Les sites de la rive
gauche comprennent
le temple Médinet Habou
(temple de Ramsès III),
le village de Deir el-Médinèh
(village des ouvriers qui creusaient la
tombe du roi), la Vallée des Rois et celle
des Reines, ainsi que plusieurs autres
temples tel celui du Ramesseum.

Temple de Thoutmosis III

Temple d'Hatshepsout

Temple de Mentouhotep

Temple de Ramsès IV

VALLÉE DES REINES

Temple de Thoutmosis III

DEIR EL-MÉDINÈH

Village
des ouvriers

Temple d'Hathor

Temple de Ramsès II
(Ramesseum)

Temple de Thoutmosis IV

Temple de Merenptah

N

Temple d'Ay
et d'Horemheb

Temple de Ramsès III

MÉDINET
HABOU

Colosses de Memnon

0   1 km

◆ Temple de Thot

LA VALLÉE DES ROIS

Parmi les nombreuses tombes, creusées à même la roche de cette vallée désolée, on peut admirer celle de Toutankhamon (dont la momie a été replacée dans sa chambre funéraire), de Ramsès VI (aux murs magnifiquement peints) et de Séti Ier (l'une des plus profondes).

Temple de Séti Ier

LES COLOSSES DE MEMNON

Une courte traversée du Nil en partant de Louxor amène les visiteurs à la rive gauche où ils découvrent bientôt l'un des seuls vestiges du temple funéraire d'Aménémhat III : les imposants colosses de Memnon.

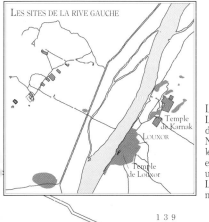

LES SITES DE LA RIVE GAUCHE

Temple de Karnak
LOUXOR
Temple de Louxor

LOUXOR

La ville moderne est située près du site de Thèbes, capitale du Nouvel Empire. Dans l'Antiquité, les immenses temples de Karnak et de Louxor étaient reliés par une allée de sphinx à tête de bélier. Le musée de Louxor possède une magnifique collection d'antiquités.

EMPIRES ET DYNASTIES

Les pharaons gouvernèrent l'Égypte pendant plus de 3 000 ans. En général, les historiens divisent cette période en 30 dynasties. Les dates mentionnées plus bas sont approximatives.

DJÉSER

LA PÉRIODE THINITE
3100-2613 av. J.-C.
Ière DYNASTIE
(3100-2690 av. J.-C.)
Narmer
Âha
Djer
Djet
Den
Anedjib
Semerkhet
Qaâ

IIe DYNASTIE
(2890-2686 av. J.-C.)
Hotepsekhemouy
Nebrê
Nynetjer
Peribsen
Khasekhem

ANCIEN EMPIRE
2686-2160 av. J.-C.
IIIe DYNASTIE
(2686-2613 av. J.-C.)
Sanakht
Djéser
Sekhemkhet
Khâba
Houni

IVe DYNASTIE
(2613-2494 av. J.-C.)
Snéfrou
Khéops
Djedefrê
Chéphren
Mykérinos
Shepseskaf

Ve DYNASTIE
(2494-2345 av. J.-C.)
Ouserkaf
Sahourê
Néferirkarê
Shepseskarê
Néferefrê
Niouserrê
Menkaouhor
Djedkarê
Ounas

VIe DYNASTIE
(2345-2181 av. J.-C.)
Téti
Ouserkarê
Pépi I
Mérenrê
Pépi II

VIIe ET VIIIe DYNASTIES
(2181-2125 av. J.-C.)

PREMIÈRE PÉRIODE INTERMÉDIAIRE
2160-2040 av. J.-C.
IXe DYNASTIE
(2160-2130 av. J.-C.)
Xe DYNASTIE
(2125-2025 av. J.-C.)
Meryibrê Khety
Ouahkarê khety
Merykarê

XIe DYNASTIE (THÈBES)
(2125-1985 av. J.-C)
Mentouhotep I
Antef I
Antef II
Antef III

MOYEN EMPIRE
2040-1750 av. J.-C.
XIe DYNASTIE (SUITE)
Mentouhotep II
2055-2004 av. J.-C.

XIIe DYNASTIE
(1985-1795 av. J.-C.)
Aménémhat I 1985-1955 av J.-C.
Sésostris I 1965-1920 av. J.-C.
Aménémhat II 1922-1878 av J.-C.
Sésostris II 1880-1874 av. J.-C.
Sésostris III 1874-1855 av. J.-C.
Aménémhat III 1854-1808 av. J.-C.
Aménémhat IV 1808-1799 av. J.-C.
Sobekkarê Sobekneferou
1799-1795 av. J.-C.

DEUXIÈME PÉRIODE INTERMÉDIAIRE
1750-1650
XIIIe DYNASTIE
(1795-1650 av. J.-C)
Sobekhotep III
Sobekhotep IV
Neferhotep I

XIVe DYNASTIE
(1750-1650 av. J.-C.)

XVe DYNASTIE
(1650-1550 av. J.-C.)
Khyan
Apepi

XVIᵉ DYNASTIE
(1650-1550 av. J.-C.)

XVIIᵉ DYNASTIE
(1650-1550 av. J.-C.)

Antef V
Taâ I
Kamès

NOUVEL EMPIRE
1550-1086 av. J.-C.

XVIIIᵉ DYNASTIE
(1550-1295 av. J.-C.)

Ahmosis	1550-1525 av. J.-C.
Aménophis I	1525-1504 av. J.-C.
Thoutmosis I	1504-1492 av. J.-C.
Thoutmosis II	1492-1479 av. J.-C.
Hatshepsout	1479-1457 av. J.-C.
Thoutmosis III	1479-1425 av. J.-C.
Aménophis II	1427-1400 av. J.-C.
Thoutmosis IV	
	1400-1390 av. J.-C.
Aménophis III	1390-1352 av. J.-C.
Aménophis IV (Akhénaton)	
	1352-1336 av. J.-C.
Toutankhamon	
	1336-1327 av. J.-C.
Ay	1327-1323 av. J.-C.
Horemheb	1323-1295 av. J.-C.

XIXᵉ DYNASTIE
(1295-1186 av. J.-C.)

Ramsès I	1295-1294 av. J.-C.
Séti I	1294-1279 av. J.-C.
Ramsès II	1279-1213 av. J.-C.
Merenptah	1213-1203 av. J.-C.
Séti II	1200-1194 av. J.-C.
Siptah	1194-1188 av. J.-C.
Taousret	1188-1186 av. J.-C.

XXᵉ DYNASTIE
(1186-1069 av. J.-C.)

Setnakht	1186-1184 av. J.-C.
Ramsès III	1184-1153 av. J.-C.
Ramsès IV	1153-1147 av. J.-C.
Ramsès V	1147-1143 av. J.-C.
Ramsès VI	1143-1136 av. J.-C.
Ramsès VII	1136-1129 av. J.-C.
Ramsès VIII	1129-1126 av. J.-C.
Ramsès IX	1126-1108 av. J.-C.
Ramsès X	1108-1099 av. J.-C.
Ramsès XI	1099-1069 av. J.-C.

TROISIÈME PÉRIODE INTERMÉDIAIRE
1086-661 av. J.-C.

XXIᵉ DYNASTIE
(1069-945 av. J.-C.)

Smendès	1069-1043 av. J.-C.
Psousennès	1039-991 av. J.-C.
Amenemopé	993-984 av. J.-C.
Siamon	978-959 av. J.-C.
Psousennès II	959-945 av. J.-C.

XXIIᵉ DYNASTIE
(945-715 av. J.-C.)

Chéchanq I	945-924 av. J.-C.
Osorkon I	924-889 av. J.-C.
Takelot I	889-874 av. J.-C.
Osorkon II	874-850 av. J.-C.
Takelot II	850-825 av. J.-C.
Chéchanq III	825-773 av. J.-C.
Pimay	773-767 av. J.-C.
Chéchanq V	767-730 av. J.-C.

XXIIIᵉ DYNASTIE
(818-715 av. J.-C.)

Pédoubastis I	818-793 av. J.-C.
Osorkon III	777-749 av. J.-C.

XXIVᵉ DYNASTIE
(727-715 av. J.-C.)

Tefnakht

XXVᵉ DYNASTIE
(ROIS NUBIENS)
(747-656 av. J.-C.)

Piy	747-716 av. J.-C.
Shabaka	716-702 av. J.-C.
Shabataka	702-690 av. J.-C.
Taharqa	690-664 av. J.-C.
Tanoutamon	664-656 av. J.-C.

BASSE ÉPOQUE
661-332 av. J.-C.

XXVIᵉ DYNASTIE
(664-525 av. J.-C.)

Psammétique I	664-610 av. J.-C.
Néchao II	610-595 av. J.-C.
Psammétique II	
	595-589 av. J.-C.
Apriès	589-570 av. J.-C.
Amasis	570-526 av. J.-C.
Psammétique III	
	526-525 av. J.-C.

XXVIIᵉ DYNASTIE
(ROIS PERSES)
(525-404 av. J.-C.)

Cambyse	525-522 av. J.-C.
Darius I	522-486 av. J.-C.
Xerxès	486-465 av. J.-C.
Artaxerxès I	465-424 av. J.-C.
Darius II	424-405 av. J.-C.
Artaxerxès II	405-359 av. J.-C.

XXVIIIᵉ DYNASTIE
(404-399 av. J.-C.)

Amyrtée	404-399 av. J.-C.

XXIXᵉ DYNASTIE
(399-380 av. J. C.)

Néphéritès	399-393 av. J.-C.
Achoris	392-380 av. J.-C.

XXXᵉ DYNASTIE
(380-343 av. J.-C.)

Nectanébo I	380-362 av. J.-C.
Téos	362-360 av. J.-C.
Nectanébo II	360-343 av. J.-C.

SECONDE DOMINATION PERSE
(343-332 av. J.-C.)

Artaxerxès III	343-338 av. J.-C.
Arsès	338-336 av. J.-C.
Darius III	336-332 av. J.-C.

PÉRIODE HELLÉNISTIQUE
332-30 av. J.-C.

Alexandre le Grand
                332-323 av. J.-C.

Philippe Arrhidée
                323-317 av. J.-C.

Alexandre IV	317-305 av. J.-C.
Ptolémée I	305-284 av. J.-C.
Ptolémée II	284-246 av. J.-C.
Ptolémée III	246-222 av. J.-C.
Ptolémée IV	222-205 av. J.-C.
Ptolémée V	205-180 av. J.-C.
Ptolémée VI	180-145 av. J.-C.
Ptolémée VII	145 av. J.-C.
Ptolémée VIII	170-116 av. J.-C.
Ptolémée IX	116-107 av. J.-C.
Ptolémée X	107-88 av. J.-C.
Ptolémée XI	80 av. J.-C.
Ptolémée XII	80-51 av. J.-C.
Cléopâtre VII	51-30 av. J.-C.

LES PHARAONS CÉLÈBRES

En étudiant les inscriptions, les égyptologues ont répertorié le nom de plus de 100 pharaons, mais on sait peu de choses sur chacun d'eux. Les plus célèbres nous sont connus, comme Ramsès II, grâce aux récits détaillés de leurs exploits dont ils avaient fait recouvrir les murs des temples. Les momies royales nous révèlent également des détails passionnants.

DJÉSER (vers 2650 av. J.-C.)

La plus ancienne référence au dieu Soleil Rê a été trouvée sur une sculpture consacrée à Djéser. Ce roi puissant organisa des expéditions au Sinaï pour chercher de la turquoise. Il fit bâtir la première pyramide à Saqqarah. Elle comporte une série de chambres souterraines dans l'une desquelles le roi fut inhumé.

KHÉOPS (2587-2564 av. J.-C.)

Il fit édifier la Grande Pyramide de Gizeh, dont la construction mobilisa sans doute toute la main-d'œuvre du pays pendant près de 20 ans. Les trésors qu'elle contenait furent pillés il y a très longtemps, mais en 1925 des archéologues trouvèrent des meubles dorés provenant de la tombe de la mère de Khéops.

CHÉPHREN (2556-2530 av. J.-C.)

Ce pharaon fit bâtir la deuxième pyramide de Gizeh, qui mesure 4 m de moins que la Grande Pyramide. Il succéda à Khéops, dont il était peut-être le frère cadet. La pyramide de Chéphren fait partie d'un ensemble d'édifices parmi lesquels se trouve son temple de la vallée, en blocs de granit très bien conservé. Ce temple contenait vingt-trois statues grandeur nature du roi, dont la célèbre statue assise en diorite, avec le dieu faucon Horus perché sur le dossier du trône. On peut la voir aujourd'hui au musée du Caire. Le Sphinx, qui semble garder la nécropole, représente peut-être Chéphren.

MYKÉRINOS
(2526-2506 av. J.-C.)

Il fit bâtir la troisième pyramide de Gizeh, la plus petite. La première statue représentant un roi et une reine est celle de Mykérinos avec son épouse favorite.

MENTOUHOTEP II
(2055-2004 av. J.-C.)

Ce prince thébain était un guerrier courageux. En 2040 av. J.-C., il devint le fondateur du Moyen Empire, en conquérant le Nord et en réunifiant l'Égypte. Il régna pendant 51 ans et fut inhumé à Deir el-Bahari.

SÉSOSTRIS III
(1874-1855 av. J.-C.)

Ce pharaon du Moyen Empire étendit son contrôle sur plusieurs provinces.

Il conquit une partie de la Nubie et fit construire de nouveaux forts en briques de terre pour protéger la frontière sud de l'Égypte.

HATSHEPSOUT
(1479-1457 av. J.-C.)

Elle fut l'une des rares femmes pharaons. Elle épousa son demi-frère Thoutmosis II et gouverna avec lui en ayant presque tout le pouvoir. Lorsqu'il mourut, le beau-fils d'Hatshepsout, Thoutmosis III, monta sur le trône. Mais c'était un enfant et Hatshepsout régna sur l'Égypte jusqu'à son dernier souffle. Au lieu de combattre les peuples voisins, elle poursuivit une politique de paix et raffermit l'économie du pays. Elle fit rouvrir les mines de turquoise, organisa une expédition au pays de Pount et fit édifier deux obélisques à Karnak. Sur les murs de son temple à Deir el-Bahari, elle se fit représenter en homme, avec la barbe postiche et tous les autres attributs de la royauté.

THOUTMOSIS III (1479-1425 av. J.-C.)

Après la mort de sa belle-mère, il devint un grand roi guerrier qui étendit jusqu'à l'Asie la domination de l'Égypte. Il remania le grand temple de Karnak consacré à Amon et fit ériger des obélisques, notamment l'Aiguille de Cléopâtre, aujourd'hui à Londres.

AMÉNOPHIS III
(1390-1352 av. J.-C.)

Ce pharaon régna sur un Empire immense et opulent. Il fit construire les colosses de Memnon et le temple de Louxor, et transforma le temple de Karnak. Son palais de Malgatta, à Thèbes, était tout proche de la première piste de course de chars ayant jamais existé.

AKHENATON (1352-1336 av. J.-C.)

Aménophis IV, le "pharaon hérétique", manifestait un grand intérêt pour le dieu Soleil, Aton. Après 4 ans de règne, il prit le nom d'Akhenaton, "celui qui plaît à Aton". Sa nouvelle religion fut la première religion monothéiste de l'histoire. Il fit fermer les temples traditionnels, privant ainsi les prêtres d'Amon de leur pouvoir et fonda la ville d'Akhetaton (actuelle Tell el-Amarna) qui devint un centre de renouveau artistique où l'on faisait des offrandes somptueuses à Aton. Mais il se désintéressa des affaires de l'État et la gestion du pays sombra dans le chaos. Après sa mort, sa ville fut abandonnée et ses statues mutilées. Son épouse, Néfertiti, a peut-être continué à régner seule.

TOUTANKHAMON
(1336-1327 av. J.-C.)

L'Égypte revint aux anciens dieux sous le règne du très jeune roi Toutankhamon, fils supposé d'Akhenaton et dont la mère serait non pas Néfertiti mais une autre épouse d'Akhenaton. Pendant les neuf années du règne de Toutankhamon, un général, Horemheb, et un dignitaire d'âge mur, Ay, tinrent les rênes du pouvoir. Tous deux continuèrent à gouverner lorsque Toutankhamon mourut, à l'âge de 18 ou 19 ans. En découvrant le crâne abîmé de sa momie, certains experts ont pensé qu'il avait pu être assassiné par Ay. Toutankhamon serait resté dans l'oubli si sa tombe, particulièrement bien conservée, n'avait livré ses trésors fabuleux en 1922.

HOREMHEB (1323-1295 av. J.-C.)

Ce général avisé monta sur le trône après la mort d'Ay, successeur de Toutankhamon.

Il fit interdire le culte d'Aton et effacer les noms des "hérétiques" Akhenaton et Toutankhamon (né Toutankhaton).

SÉTI Ier

SÉTI Ier
(1294-1279 av. J.-C.)
Il décida
de poursuivre
l'expansion
de l'Égypte vers
l'est en pénétrant
en Syrie et en
repoussant
les Hittites. Des archéologues découvrirent
à Thèbes en 1817, sa tombe et sa momie
conservée au musée du Caire.

TAHARQA

TAHARQA
(690-664 av. J.-C.)
La Bible mentionne
ce célèbre nubien qui
régna sur l'Égypte.
Il remit à l'honneur
les traditions
artistiques et
vénéra les dieux
égyptiens. Évincé par les envahisseurs
assyriens, il fut inhumé dans
une pyramide en Nubie.

RAMSÈS II

RAMSÈS II (1279-1213 av. J.-C.)
Il remporta une semi-
victoire sur les Hittites
avec lesquels il signa plus
tard un traité de paix,
le premier de l'histoire
humaine. Pendant les
60 années de paix qui
suivirent, il fit ériger de nombreux
monuments pour célébrer sa "victoire".
Il eut plus de 100 enfants. D'après sa
momie, il devait être de grande taille.

RAMSÈS III

RAMSÈS III
(1184-1153 av. J.-C.)
Il sauva l'Égypte
d'une série d'invasions
et combattit la
corruption. Des
courtisans, aidés de
l'une de ses épouses,
essayèrent de l'empoisonner et furent
condamnés à mort. Ramsès III mourut un
an plus tard, peut-être à cause d'un second
complot réussi.

CLÉOPÂTRE VII

CLÉOPÂTRE VII (51-30 av. J.-C.)
Dernière souveraine
ptolémaïque et la seule à
parler égyptien, Cléopâtre
essaya d'empêcher Rome
de prendre
possession
de l'Égypte.
Elle rencontra
le général Jules
César, dont elle eut
un fils. Après la mort
de César, elle s'éprit d'un autre général
romain, Marc Antoine. Ils eurent
3 enfants et voulurent règner ensemble
sur le puissant royaume ptolémaïque.
Mais ils furent vaincus par le rival
politique d'Antoine, Octave. Ce dernier
les poursuivit en Égypte où Antoine se
suicida après la fausse nouvelle de la mort
de Cléopâtre. Celle-ci finit par se rendre
à Octave, mais, lorsqu'elle comprit quelle
menace il représentait pour elle, elle se
donna la mort – la légende veut qu'elle
pressa un cobra contre sa poitrine.

LES DIEUX DE L'ÉGYPTE ANCIENNE

Les croyances égyptiennes ont évolué et les dieux eux-mêmes ont changé de personnalité et d'aspect au fil des temps. Voici quelques-unes des plus importantes divinités.

KHNOUM

Ce dieu créateur avait l'aspect d'un bélier ou d'un homme à tête de bélier. On disait qu'il modelait les enfants sur un tour de potier pour les planter ensuite dans le corps de leur mère.

GEB

Avec son épouse, la déesse Nout, ce dieu de la terre a, selon le mythe, créé le Soleil qui est mis au monde chaque matin. Geb est représenté avec une oie, le hiéroglyphe de son nom.

PTAH

On adorait ce dieu à Memphis. Ses prêtres prétendaient qu'il était le dieu suprême et qu'il avait créé tous les autres dieux en prononçant simplement leur nom.

ANUBIS

Anubis, le dieu à tête de chacal, était le dieu des morts et de la momification. Il protégeait les momies et supervisait de nombreux rites funéraires.

NEPHTHYS

Cette déesse aida sa sœur Isis à ramener à la vie le corps mutilé d'Osiris. Les deux sœurs étaient souvent représentées ensemble. Sous la forme de faucons, elles protégeaient les cercueils et les vases canopes.

SOBEK

Ce dieu crocodile régnait sur l'eau et on croyait que sa sueur alimentait les eaux du Nil. Sobek était très vénéré dans les lieux où les attaques de crocodiles étaient fréquentes.

LA TRIADE D'ABYDOS

Les triades – groupe de trois divinités associées – étaient vénérées dans des régions précises. Ici, il s'agit d'une famille avec le mari, Osiris, son épouse, Isis, et leur fils Horus, le dieu du ciel.

HORUS ISIS OSIRIS

KHONSOU MOUT AMON

LA TRIADE THÉBAINE

Dans les temples de Karnak et de Louxor, on adorait le dieu créateur Amon. Son épouse Mout, déesse guerrière, était parfois représentée sous forme de vautour ou de lionne. Leur fils, Khonsou, dieu de la lune, avait souvent l'aspect d'une momie.

LES DIFFÉRENTS ASPECTS DE MAÂT

Les dieux changeaient souvent d'apparence selon les époques ou les lieux. Voici trois représentations différentes de la déesse Maât, qui représentait la Justice, la Vérité et l'Ordre. Sous ces trois aspects, elle porte la Plume de la Vérité (plume d'autruche).

HATHOR

Cette déesse du ciel et de l'amour était associée à la vache. On la représentait souvent, tenant le Soleil avec ses cornes.

THOT

Patron des scribes, dieu de la sagesse et de l'écriture, Thot était aussi un dieu lunaire. L'ibis et le babouin lui sont associés.

LES HIÉROGLYPHES

L'écriture idéographique égyptienne, est appelée hiéroglyphes ("signes sacrés" en grec). Ces signes pouvaient avoir différents sens.

L'alphabet

Chaque mot était écrit exactement comme il se prononçait, avec seulement des consonnes. On n'écrivait pas les voyelles. L'alphabet se composait de 24 signes représentant chacun un son.

OU JEUNE CAILLE	**KH** ~~ROUTE~~ VENTRE DE VACHE	**Y, I** ÎLE FEUILLE DE ROSEAU
DJ GIN SERPENT	**T** MICHE DE PAIN	**B** JAMBE
G GOUFRE SUPPORT POUR POT	**P** NATTE	**KH** ~~ROUTE~~ INCONNU
N EAU	**D** MAIN	**M** CHOUETTE
F VIPÈRE CORNUE	**Q** COLLINE	**H** LIN TORSADÉ
H HUTTE DE ROSEAU	**R, L** BOUCHE	**Â** BRAS
A VAUTOUR	**Z** SERRURE	**TJ** ATCHOUM CORDE, LONGE
S ÉTOFFE PLIÉE	**CH** ÉTANG	**K** PANIER

Symbole utilisé pour ces sons

La chouette est tournée vers la droite, il faut lire de droite à gauche.

Consonne faible (ce n'est pas une voyelle)

DANS QUEL SENS FAUT-IL LIRE ?
On lisait de gauche à droite, de droite à gauche ou de haut en bas. Les symboles animaux et humains indiquent le sens (on lit en allant à la rencontre des personnages représentés).

GROUPES DE SONS

Pour gagner du temps, de nombreux hiéroglyphes représentent non pas un seul son mais deux, voire trois sons groupés. Par exemple, au lieu d'écrire "sa" avec deux hiéroglyphes – un pour chaque son – on peut utiliser un seul symbole, un canard.

CANARD
= S + A = SA

MAISON
= P + R = PER

COLÉOPTÈRE
= KH + P + R = KHEPER

TABLE AVEC PAIN
= H + T + P = HOTEP

"MISE EN PAGE"
On n'était pas obligé d'écrire sur la même ligne les signes qui formaient un mot, on pouvait les disposer de différentes façons, par souci esthétique.

DEUX FAÇONS
D'ÉCRIRE
"QUEEN"
(REINE)

LES DÉTERMINATIFS

Pour rendre le sens plus clair, on pouvait ajouter un idéogramme – le déterminatif – qui ne se lisait pas.

PERSONNE   MARCHER,   VOIR   PLURIEL
            COURIR

PRÉCISION

Voici un exemple de l'usage du déterminatif. La palette du scribe peut avoir deux significations. À côté du signe "homme" elle signifie "scribe", mais à côté d'un rouleau de papyrus, elle signifie "écrire".

COMBATTRE LE MAL

Les Égyptiens attribuaient aux signes un pouvoir sur le bien et le mal. Parfois, les scribes coupaient la tête du serpent pour se protéger du mal.

L'ŒIL *OUDJAT*

C'était l'un des portes-bonheur que l'on ajoutait au fil du texte.

LES CHIFFRES ET LES NOMBRES

1	BARRE	
10	ENTRAVE	
100	CORDE ENROULÉE	
1 000	LOTUS	
10 000	DOIGT	
100 000	TÊTARD	
1 000 000	DIEU SOUTENANT LE CIEL	

Chez les Égyptiens, la base du système de calcul était le nombre 10. Il existait différents symboles pour 1, 10, 100, etc. En additionnant les symboles, on obtient le total.

9

27

1 200

54 700

L'ARCHITECTURE

Les édifices ayant survécu sont pour la plupart religieux, qu'il s'agisse de temples ou de tombes. Leur forme symbolise des croyances et des cycles naturels.

LES COLONNADES
De nombreux temples possédaient des colonnades. Celles-ci, avec des chapiteaux composites, provient de Philae.

LIBERTÉ ARTISTIQUE
Certaines des formes architecturales élaborées retrouvées sur les peintures funéraires sont visiblement exagérées.

EN FORME DE PLANTES
Ces colonnes (Ancien Empire) ont la forme d'un papyrus (gauche) et d'un palmier (droite).

SCULPTURES
Les piliers carrés étaient ornés de sculptures de dieux ou d'hommes, massives, en relief ou même en ronde-bosse. À gauche, Osiris.

Bourgeon s'ouvrant

Images de dieux

CHAPITEAU DU TEMPLE D'ESNEH

LES COLONNES
Dans les temples, elles étaient fasciculées ou lisses. Mais presque toutes étaient sculptées, souvent avec des reliefs élaborés.

LA PORTE DE MÉDINET HABOU

Le grand temple et le palais
funéraires de Ramsès III sont
entourés de murs de 10 m
d'épaisseur. Cette porte était
l'entrée principale de ce
complexe thébain.

Fenêtre

LE HAREM DU ROI

Certaines salles de la porte à trois étages servaient
peut-être de harem. Aux murs, des scènes
représentent Ramsès III entouré de jeunes femmes.

*Détail d'un sol
peint du palais
d'Akhenaton*

SOLS ET FRESQUES

Les murs et les sols
des palais et des villas
étaient recouverts de
plâtre peint de fresques
colorées représentant
des scènes de nature.
Celles-ci proviennent du
palais d'Akhenaton.

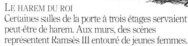

LE PALAIS D'AKHENATON

Il n'en reste que des fondations
en ruines. Mais on peut l'imaginer
d'après les peintures trouvées
dans la tombe du grand prêtre
Meryrê. Cette aire
d'entrepôts reconstituée
n'est qu'une partie du
vaste palais, bâti au
milieu de jardins
agrémentés
d'arbres
et de bassins
ombragés.

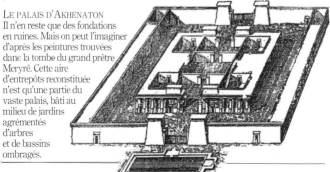

Les musées

De nombreux musées dans le monde ont un département d'antiquités égyptiennes. Nous vous proposons ici un choix qui, sans être absolument exhaustif, suffira à éveiller votre curiosité.

AU CANADA

Musée des Beaux-Arts de Montréal
Galerie d'objets d'antiquité égyptienne
1380, rue Sherbrooke Ouest, Montréal, Québec, H3G 2T9

Musée Redpath
Université McGill
859, rue Sherbrooke Ouest, Montréal, Québec, H3A 2K6

Musée royal de l'Ontario
100, Queen's Park Toronto, Ontario, M5S 2C6

AUX ÉTATS-UNIS

Boston Museum of Fine Arts
Boston, Mass.

Brooklyn Museum
Brooklyn, New York

Metropolitan Museum of Art
New York
Ce musée abrite l'une des plus importantes collections du continent américain.

The University of Pennsylvanie Museum
Philadelphia, Pa.

EN ÉGYPTE

Musée Égyptien
Le Caire
La collection d'antiquités égyptiennes la plus importante du monde, incluant le trésor de Toutankhamon.

Musée gréco-romain
Alexandrie

Musée de Louxor
Louxor

DANS LE MONDE

ALLEMAGNE

Ägyptisches Museum Berlin
De nombreux objets provenant d'Amarna, la ville d'Akhenaton, dont le célèbre buste de Néfertiti.

ANGLETERRE

British Museum
Great Russell Street
Londres WC1B 3DG
La plus grande collection d'antiquités égyptiennes en dehors de l'Égypte. On peut y voir la Pierre de Rosette et plus de 80 momies.

AUTRICHE

Kunsthistorisches Museum
Vienne

BELGIQUE

Musées Royaux d'art et d'histoire
Bruxelles

DANEMARK

Nationalmuseet
Copenhague

HOLLANDE

Rijksmuseum van Oudheden
Leyde

ITALIE
Museo Egizio
Turin

Museo Archeologico
Florence

RUSSIE
Musée Pouchkine
Moscou

EN FRANCE
Musée du Louvre
Paris 1er (75)
Ce musée possède la plus importante collection d'antiquités égyptiennes en France. On peut notamment y voir la fameuse statue du scribe accroupi et le célèbre portrait d'Akhenaton. Le département égyptien qui abrite plus de 50 000 objets de toutes les époques de l'histoire égyptienne bénéficiera de nouvelles salles et d'un redéploiement total en 1997. Champollion, nommé conservateur de ce département en 1826, fit acheter les premières collections importantes du musée.

Musée Champollion
Figeac (46)
Maison natale du célèbre égyptologue : souvenirs de voyage et salle d'écriture.

Musée d'Égyptologie
Université de Lille III
Pont de Bois
Villeneuve-d'Asq (59)

Musée de la Société archéologique
5, rue des Trésoriers-de-France ou
7, rue Jacques-Cœur
Montpellier (34)

Musée des Beaux-Arts
Place de la République
Lille (59)

Musée des Beaux-Arts
20, place des Terreaux
Lyon 1er (69)

Musée Granet
Place Saint-Jean-de-Malte
Aix-en-Provence (13)

Musée de Picardie
48, rue de la République
Amiens (80)

Musée-château
Place du Château
Annecy (74)

Musée Calvet
65, rue Joseph-Vernet
Avignon (84)

Château-musée
Rue Bernet
Boulogne-sur-Mer (62)

Musée de peinture et de sculpture
Place de Verdun
Grenoble (38)

Musée Guimet d'histoire naturelle
28, boulevard des Belges
Lyon 6e (69)

Musée de la Vieille-Charité
2, rue de la Charité
Marseille (13)

Musée Joseph-Déchelette
22, rue Anatole-France
Roanne (42)

Musée Georges-Labit
43, rue des Martyrs-de-la-Libération
Toulouse (31)

Glossaire

AMULETTE
Fétiche porte-bonheur
que l'on porte sur soi.

ÂNKH
Amulette symbole
de vie. Seuls, les dieux et
les rois sont représentés
portant le *ânkh*.

BA
L'esprit ou l'âme
d'une personne, supposé
survivre après la mort.
Le Ba est souvent
représenté sous forme
d'oiseau à tête humaine.

BASSE-ÉGYPTE
Partie nord de l'Égypte
ancienne, autour
du delta du Nil.

CARTOUCHE
Symbole hiéroglyphique
en forme de boucle ovale
qui enserrait le nom
du pharaon.

COLOSSE
Statue plus grande
que nature, représentant
généralement un roi.
On en trouve souvent
à l'extérieur des temples.

DELTA
Région plate à
l'embouchure d'un fleuve,
où le cours principal se
divise en plusieurs bras.

DÉMOTIQUE
Écriture cursive dérivée
de l'écriture hiératique
que l'on trouve sur
les monuments et
les papyrus égyptiens
d'époque tardive.

DYNASTIE
Suite de souverains
le plus souvent de même
lignée. Les pharaons
d'Égypte formèrent
30 dynasties.

FAIENCE
Poterie vernissée.

FRITTE
Mélange de fer et de
soude employée dans
la fabrication du verre
et de la céramique.

HAUTE-ÉGYPTE
Partie sud de l'Égypte
dont la ville principale
était Thèbes.

HYPOSTYLE
Dont le plafond est
soutenu par des colonnes.

KHÔL
Fard noirâtre pour
les yeux, utilisé
en Égypte par les
femmes, les hommes
et les enfants.

HIÉRATIQUE
Écriture cursive dérivée
des hiéroglyphes, écrite
à l'encre et au pinceau
sur du papyrus.

LIVRE DES MORTS
Ensemble de quelques
200 formules magiques
placées auprès de
la momie pour aider
le défunt à atteindre
sans encombre l'au-delà.

MOMIE
Cadavre desséché,
conservé et enveloppé
dans des bandelettes.

NATRON
Sel naturel qui servait
à purifier et dessécher le
corps, afin de le momifier.

NÉCROPOLE
Mot d'origine grecque
qui signifie "ville des
morts". On l'emploie
pour parler des
cimetières égyptiens.

NOME
Province de l'ancienne
Égypte correspondant
à peu près à nos
"départements" –
cette division du pays en
facilitait
l'administration.

OBÉLISQUE
Pilier en pierre terminé
en pointe, de forme
quadrangulaire.

OSTRACA
Éclat de poterie ou
de calcaire utilisé
pour écrire ou dessiner
(singulier : *ostracon*).

OUSHEBTI (OU *SHAOUABTI*)
Ces statuettes de forme
humaine étaient placées
dans la tombe, près
de la momie. Lorsque le
défunt devait travailler
dans l'au-delà, il pouvait
appeler ses *oushebtis*, qui
était censés répondre et
faire le travail à sa place.

PAPYRUS
Plante aquatique dont
on faisait une sorte de
papier. C'était le principal
support pour l'écriture.

PECTORAL
Bijou qui se portait
sur la poitrine.

PHARAON
Roi d'Égypte. Ce mot
signifie à l'origine
"la Grande Maison",
le palais royal.

POUNT
Pays à demi mythique
mentionné dans
les textes égyptiens, en
référence au commerce.

Son emplacement reste
vague – il se trouvait
au sud de l'Égypte,
peut-être en Somalie.

PYRAMIDE
Vaste tombeau à la base
carrée surmontée
de quatre côtés pentus.
Elle abritait le pharaon
après sa mort.

RELIEF
Sculpture qui se détache
en saillie sur un fond
(bas-relief, haut-relief,
ou ronde-bosse).

SARCOPHAGE
Cercueil de pierre
rectangulaire ou
de forme humaine.
Ce mot, d'origine
grecque, signifie
"qui mange la chair".

SCARABÉE
En Égypte, ce coléoptère
était symbole
de résurrection.

SPHINX
Statue de lion à tête
d'homme ou de bélier,
symbole du pouvoir
royal.

STÈLE
Monolithe en pierre
(parfois en bois) couvert
de textes et de dessins,
placé dans les tombes
ou les temples.

TEXTES DES PYRAMIDES
Version primitive
du *Livre des Morts*,
ces écrits religieux
étaient gravés sur
les murs intérieurs
des pyramides.
Ils aidaient le pharaon
à atteindre l'au-delà.

URAEUS
Cobra royal porté sur
le front par le pharaon.
Il était censé cracher
du feu sur les ennemis
du souverain.

VALLÉE DES ROIS
Vallée désertique
sur la rive gauche
du Nil, près de Louxor,
où se trouvent
les tombes de nombreux
pharaons du Nouvel
Empire.

VASES CANOPES
Quatre urnes funéraires
renfermant l'estomac,
le foie, les poumons
et les intestins
embaumés du défunt.

VIZIR
Sorte de premier
ministre qui
supervisait
les membres
du gouvernement
et faisait un rapport
quotidien au pharaon.

Index

Remerciements

Photographies :
Peter Anderson, Geoff Brightling,
Christi Graham, Peter Hayman,
Alan Hills, Dave King, Nick Nicholls,
Kim Sayer, Ivor Kerslake, Karl Shone.

Illustrations :
Peter Anderson, Russell Barnett,
Stephen Conlin, Peter Dennis,
Dave Donkin, Simone End, Eugene Fleury,
Will Giles, Thomas Keenes, Sandra Pond,
Sarah Ponder, Peter Visscher,
J. G. Wilkinson, John Woodcock.

Crédits photographiques :
g = gauche   d = droite   c = centre
b = bas   h = haut
Ashmolean Museum, Oxford 45 cd, cd, cdb,
60 hd ; The Griffith Institute 125 hg, c, cd ;
Bolton Museum (couv.), 2 bd, 3 hd, 14 bd,
25 hd, 29 hg, 30 b, 88/9, 101 bd, 107 hd, 113 cd,
119 c ; Bridgeman Art Library 63 bd,
74/5 bd ; Louvre, Paris 56 bg ; The British
Museum 68 cd ; The British Library/
Laurence Pordes 16 cd ; The British
Museum 1 c, 2 hg, hd, bg, 3l bd, 5 h, 7 bd, 13 d,
14 bg, 15 cb, 16 b, 17 hg, cg, 18 hd c, bg, 19 b,
22 hd, 22/23 b, 23 bd, 29 hc, 31 hg, hd, cd,
32 hd, b, 33 hg, c, bd, 34 cg, cgb, 36 bg,
37 bd, hc, 39 bc, hg, 40/41 hc, 46/47 b, 46 hg,
cd, 47 hd, c, hg, 48/49 bg, 49 hg,(couv.), 51 bc,
52 bd, 56 cd, 57 c, 58 bg, 59 d, c, cg, 60 cb, bg,
hg, 61 hg, d, bg, bc, 62 bd, 63 hg, 64/5 c,
70 hg, c, bd, 71 hd, cg, bd, 73 h, 76 hg, bg,
77 hg, c, bd, 80 cd, 81 bd, bg, 82 c, 83 h, c,(couv.),
84 c, cg, cd,(couv.), 85 hd, bg, cdb, cd, 93 hd,
94 hd, 95 bd, 96 hd, 97 cg, c, 98/99, 100 bd,
d, 101 hg, 103 l, hd,(couv.), 104 hd, 105 hd,
106 hd, 107 bc, (couv.), bd, hc, cg, 109 hd,
110/11 hc, 110 bg, bd, 111 bg, 112 l, 114 hd,
cg, bd, bg, 115 hg, cd, bc, bd, hd, 116 hd, b,
117 cd, 118 hd, bg, cg, 119 b, hg, 120 cg,
121 hg, c, hd, bg, 128/9 b, 129 hg, hd, 131 hg,
132 g, cd, bc ; Cairo Museum 20 bg, bd ; Lester
Cheeseman 24 cd, 131 d ; Peter Clayton 57 bc ;
125 bc ; Robert Harding Picture Library
102 bg ; Michael Holford 102 cg, 105 c ;
The Manchester Museum 19 hg, hc, hd, 24 bg,
31 b, 37 cd, hg,(couv.), 55 hd, 56 bc, 57 hg, hd,
68/69 bc, 69 cd, 80 hg, cg, bg, 81 c,(couv.),
84 hg, 92 hd,(couv.), cg, cd, 93 cg, cd, 101 cg
(couv.), 102 hd, 105 hc, 106 bg, bc, 108 hd, cd,
bg, 108/109 bc, 109 bd, 111 bd, 112 cd,
113 hg, 117 hg, hd, bd, 118 bd, 120 bd, g,
131c, 133 hg, hd ; Metropolitan Museum New
York 90/91 bc ; John G. Ross 10/11, 14 hd, 15 hd
16 hg, 20 c, 21 hc, bd, 22 cg, 23 hg, 25 b, 28 hg
29 d, 35 hd, hd, 37 bc, 38 bd, 39 cg, 40 bd,
41 cg, bd, 45 b, 66/7, 74 bd, 85 hg, 90 c, hd,
94 bd, 95 c, 96 bg, cd, 97 bd, hd, 104 bd, 111 hd,
112/3 b, 122 cd, 123 hg, hd, cd, 122/3 b, 124 g
cd, b, 125 hd, 126/7, 130 bg ; Rapho 34 cd,
38 cgb ; The Science Museum 53 bd ; Lin White
12 lhd, cd, 13 hg, 25 hg, 38 hg, 39 d, 41 bc,
78/79, 90 bg, 105 bd, 109 hg, 113 hd, 122 cg,
128 c, 130 cd, 131 bg, 133 bg, 139 hd, cd.

Pour la version française :
Traduction :
Christiane Crespin

Conseiller historique :
Philippe Collombert

Adaptation :
Octavo Éditions